はじめに

　本書は熊本地震に被災した一人の自閉症スペクトラム当事者が書いた発災からの私的な記録である。

　前編は、親友に向けて無事を伝えるために始めたFacebookの投稿をまとめたものである。もともと友人宛の日記であり、書籍として発表できるとは考えていなかったため、内容や写真について個人的な感情が表出していることをご理解いただきたい。

　後編は、マスコミに登場する機会の少ない災害ボランティアと専門家の活動について、私が共に活動した際の話や新たにインタビューしたものをもとに書き起こした。本当はもっと多くの支援者・支援団体とのつながりが生まれたが、特に私との関わりの深い方々に絞って掲載させていただいた。

　今回は掲載できなかったが、SCB復興期支援プラットフォーム、Bridge KUMAMOTO、凸凹ライフデザイン、スマートサバイバープロジェクトなど、今後の災害支援につながる大変有意義な活動をしている団体が数多くあることを付け加えておく。

　本書を通じて、普段支援されている側の障がい者でも、得意分野があれば、支援者として誰かの役に立てるということを知っていただきたい。私であれば、これまでの多様な職歴が逆にさまざまな分野の人脈につながり、人と人とをつなぐ交通整理をするハブとしての役割、支援したい人と支援を受けたいという人とのコーディネートを実現することにつながった。

　私はアスペルガーという特性を持った発達に偏りがある人間であるが、自閉症スペクトラムに悩む当事者やそのご家族に対して、当事者でも活躍できる場があることを伝えたいと思い、本書を通じて公に自分の障がいや特性をカミングアウトした。自閉症スペクトラムの書籍としては不完全な内容であるが、一当事者が災害に遭いながらも内にこもることな

く再就職し、教育現場で自分と同じ自閉症スペクトラムの子どもたちの支援にあたるようになった過程を知っていただければ幸いである。

　阪神・淡路大震災をボランティア元年とすると熊本地震は21年目にあたるが、激甚災害に遭遇してもくじけない人たちが熊本にもたくさんいる。東日本大震災の時代よりも普段の日常にSNSが浸透してきた。そんな時代の変化の中でも変わらないライフスキルを身につけることが今後必要なのではないだろうか？

　そして本書を読んで何かを感じた読者が熊本を訪れたり、興味がある団体や個人とつながっていくことを願っている。

目次

はじめに …………………………………………………………………………… 2

熊本地震日記　前編　SNSの記録 ……………………………………………… 9

前編のまえがき ………………………………………………………………… 10
　前震直前 …………………………………………………………………………… 10
　4月14日の県内の様子 …………………………………………………………… 11
　本震直後 …………………………………………………………………………… 12
　一夜明けて ………………………………………………………………………… 12

本震直後からの震災記録（SNSの日記より） ……………………………… 14
　4月15日 …………………………………………………………………………… 14
　4月16日（震災1日目）：情報不足 …………………………………………… 14
　4月17日（震災2日目）：我が家流のライフラインの確保 ………………… 15
　4月18日（震災3日目）：携帯の電波を求めて ……………………………… 16
　4月19日（震災4日目）：いち早く復旧された迂回ルート ………………… 17
　4月20日（震災5日目）：ごった返すコインランドリー …………………… 20
　4月20日（震災5日目の夜）：スローなキャンドルナイトから電化deナイト … 21
　4月21日（震災6日目）：いい湯だな ………………………………………… 23
　4月22日（震災7日目）：井戸水が出た！ …………………………………… 25
　4月22日（震災7日目その2）：水道管のバイパスを自作 ………………… 28
　4月23日（震災8日目）：近くの避難所のニーズ調査 ……………………… 35
　4月24日（震災9日目）：デマの流布と子どもたちの体調不良 …………… 40
　4月25日（震災10日目） ……………………………………………………… 45
　4月26日（震災11日目）：コーヒーはいかが？ …………………………… 45
　4月27日（震災12日目）：感覚過敏には辛い発電機車の音 ……………… 49
　4月28日（震災13日目）：保育園の再開 …………………………………… 56
　4月29日（震災14日目）：水道が復旧した！ ……………………………… 58
　4月30日（震災15日目）：田舎だからできるDIY ………………………… 61
　5月1日　（震災16日目）：蓄積する疲れ、思考力の低下 ………………… 65
　5月2日　（震災17日目）：こんな時期でもユーザー車検 ………………… 69
　5月3日　（震災18日目）：士業によるドリームチームのガイド ………… 72
　5月4日　（震災19日目）：我が家に届いた支援物資 ……………………… 74
　5月5日　（震災20日目）：ささやかな家族サービス ……………………… 77
　5月6日　（震災21日目）：失業者になる …………………………………… 79
　5月7日　（震災22日目）：落ち着かないので働く ………………………… 81
　5月8日　（震災23日目）：変わる風景 ……………………………………… 82
　5月9日　（震災24日目）：失業した方へ行政サービスを説明 …………… 84

5月10日（震災25日目）：怪しい求人 ……………………………… 86

5月11日（震災26日目）：カメラマンのオファーが来る ………… 89

5月12日（震災27日目）：とうとう風邪をひく …………………… 92

5月13日（震災28日目）：全額自費治療の恐怖から脱出 ………… 93

5月14日（震災29日目）：店のおばちゃんたちとのお別れ ……… 95

5月15日（震災30日目）：暖かくなると蛇が出る ………………… 96

5月16日（震災31日目）：勉強が手につかない …………………… 98

5月17日（震災32日目）：近所に落差2メートルの断層が ……… 98

5月18日（震災33日目）：ホースセラピー教室を開く …………… 103

5月19日（震災34日目）：就職活動でスーツを着る ……………… 104

5月20日（震災35日目）：災害時にコミュニティデザインができること …… 105

5月21日（震災36日目）：道路で変わる生活圏 …………………… 109

5月23日（震災38日目）：行政を批判するだけでは物事は進展しない ……… 110

6月6日 （震災52日目）：おかたいところに就職する …………… 112

6月18日（震災64日目）：申請した被災者へのサービス ………… 113

6月27日（震災73日目）：地震で参加者の減る地域の活動 ……… 114

7月28日（震災104日目）：転職して約2ヶ月 …………………… 114

7月30日（震災106日目）：お盆前に墓掃除 ……………………… 116

8月8日 （震災115日目）：学習ボランティア …………………… 117

8月10日（震災117日目）：お金より夢を追いかけよう ………… 117

8月12日（震災119日目）：未だ大変な道路事情 ………………… 119

震災からおよそ4ヶ月を過ごして ………………………………… 120

付録 筆者撮影写真による熊本地震の記録 ……………………… 124

熊本地震日記 後編 広がる支援のネットワーク ……………… 141

後編のまえがき ……………………………………………………… 142

阿蘇市災害ボランティア連絡会議主催、中坊 真氏と ………… 143

支援をつなぐコーディネーター …………………………………… 144

ボランティア情報共有の仕組み作り ……………………………… 144

ITを使ったボランティアの課題解決 ……………………………… 145

阿蘇市災害ボランティア連絡会議の成果 ………………………… 146

効率的な支援のため分野別の専門部会に分かれる ……………… 148

あくまでも黒子として ……………………………………………… 148

子どもたちへのホースセラピスト、平山DAN昌利氏と ……… 150

馬で歩いて行ける範囲で …………………………………………… 151

スペシャルオリンピックス日本の乗馬コーチ資格 ……………… 151

子どもたちとのふれあい …………………………………………… 152

観光だけに頼らず馬と生きる方法 ………………………………… 154

住家被害認定調査・不動産鑑定士、佐藤麗司朗氏と ………… 156

被災者の二重ローン問題‥‥‥‥‥‥‥‥‥‥‥‥‥‥‥‥‥157
被災した住民と行政職員のために‥‥‥‥‥‥‥‥‥‥‥‥158
被災地での悲しみと喜び‥‥‥‥‥‥‥‥‥‥‥‥‥‥‥‥159
公助を待つのではなく、自助と共助を始めよう‥‥‥‥‥‥160

「みなみあそ暮らしラボ」主宰、峰松菜穂子氏と‥‥‥‥‥‥‥162
食への興味からはじまった田舎暮らし‥‥‥‥‥‥‥‥‥‥162
峰松さんのSNS活用方法‥‥‥‥‥‥‥‥‥‥‥‥‥‥‥163
足湯ボランティアの始まり‥‥‥‥‥‥‥‥‥‥‥‥‥‥‥164
被災した人と同じ目線で‥‥‥‥‥‥‥‥‥‥‥‥‥‥‥‥165

被災木造家屋の構造計算・耐震補強計画の建築士、堀田典孝氏と‥‥166
古い木造家屋の弱点‥‥‥‥‥‥‥‥‥‥‥‥‥‥‥‥‥‥167
耐震補強計画の施工の問題‥‥‥‥‥‥‥‥‥‥‥‥‥‥‥168
目標の評点を下げて工事費を抑える‥‥‥‥‥‥‥‥‥‥‥169
建物補修無料相談会につながる‥‥‥‥‥‥‥‥‥‥‥‥‥170

被災家屋へのブルーシート掛けボランティア、阿南志武喜氏と‥‥‥175
阪神・淡路大震災から始まった活動‥‥‥‥‥‥‥‥‥‥‥176
仲間を助けるという共助‥‥‥‥‥‥‥‥‥‥‥‥‥‥‥‥176
登山技術を活かす‥‥‥‥‥‥‥‥‥‥‥‥‥‥‥‥‥‥‥177
緊急時のエイドステーションとしてのショップ‥‥‥‥‥‥179
受け継がれる精神‥‥‥‥‥‥‥‥‥‥‥‥‥‥‥‥‥‥‥180

建築家によるコミュニティデザイン「南阿蘇プロジェクト」のメンバーと‥‥‥‥‥‥‥‥‥‥‥‥‥‥‥‥‥‥‥‥‥‥‥‥‥‥181
戸惑いながらの初顔合わせ‥‥‥‥‥‥‥‥‥‥‥‥‥‥‥181
久しぶりのブレインストーミング‥‥‥‥‥‥‥‥‥‥‥‥181
続々と立ち上がるプロジェクト‥‥‥‥‥‥‥‥‥‥‥‥‥182
プロフェッショナル＋ボランティア＝プロンティア‥‥‥‥184
求められるコミュニティデザインの力‥‥‥‥‥‥‥‥‥‥184

被災した人々の心のケアをするカウンセラー、長野 ニューマン 弘子氏と‥‥‥‥‥‥‥‥‥‥‥‥‥‥‥‥‥‥‥‥‥‥‥‥‥‥‥186
ジャーナリストからカウンセラーの道へ‥‥‥‥‥‥‥‥‥187
被災した故郷のために‥‥‥‥‥‥‥‥‥‥‥‥‥‥‥‥‥187
熊本・阿蘇での活動‥‥‥‥‥‥‥‥‥‥‥‥‥‥‥‥‥‥189
子どもにもできるストレス解消法‥‥‥‥‥‥‥‥‥‥‥‥190
Japan Fairでの現地レポート‥‥‥‥‥‥‥‥‥‥‥‥‥191

発達障がい当事者会「リルビット」の皆さんと‥‥‥‥‥‥‥193
地震前から障がい者が抱える問題‥‥‥‥‥‥‥‥‥‥‥‥193
感覚過敏によるストレス‥‥‥‥‥‥‥‥‥‥‥‥‥‥‥‥194
自閉症スペクトラムの強いこだわり‥‥‥‥‥‥‥‥‥‥‥195

パーソナルスペースの確保 ………………………………………… 195
ピアサポートの力 …………………………………………………… 196
災害時に役に立ったこと …………………………………………… 196

阿蘇の写真家、長野良市氏と ………………………………… 198
写真の力がボランティアを動かす ………………………………… 199
それまでの価値観を破壊した地震 ………………………………… 200
神話が伝える太古の自然災害 ……………………………………… 200
「被写体以前」 ………………………………………………………… 201
ゼロからの出発 ……………………………………………………… 202

再生可能エネルギーの普及活動家、大津愛梨氏と ……………… 203
エネルギーと食料を作る農村を目指して ………………………… 204
エネルギー問題の建設的な解決法 ………………………………… 205
農家がエネルギーと食料を作り、景観を守る …………………… 205
「エネルギーの自給自足」 …………………………………………… 206

郷土料理店「あそ路」の家族たちと ……………………………… 209
自宅避難所で強まる家族の絆 ……………………………………… 209
道路崩壊による無期限休業 ………………………………………… 210
衝突する家族 ………………………………………………………… 210
復興は普段の暮らしを取り戻すこと ……………………………… 211
店の再出発を祝ってくれたSNSの人々 ………………………… 212

あとがき ……………………………………………………………… 215

著者紹介 ……………………………………………………………… 219

1

熊本地震日記　前編　SNSの記録

前編のまえがき

　本震が来たときの心境は、ああもういい加減にしてくれというのが率直な気持ちでした。阿蘇は4年前にも九州北部水害で大きな被害が出ており、観光客に影響が出ていました。その後も阿蘇中岳第一火口の噴火による降灰で、観光だけでなく農作物や日常生活に被害が出ていました。阿蘇はこの4年で3回の大災害に見舞われました。神様がいるとしたら何故こんな災いをと恨みました。

2014年11月の中岳噴火の様子（筆者撮影）

前震直前

　私の実家は昭和40年代から続く郷土料理店を営んでいます。両親と妻と2人の子どもたちの6人で木造の平屋に一緒に暮らしており、店の近くに弟一家が住んでいました。前震が起きる直前は長男の髪が伸びていた

ので、居間で新聞を広げバリカンで髪を切っている途中でした。突然大きな揺れに襲われ、木造の古い日本家屋がミシミシと今までにない音を立てて軋みました。揺れが収まると、虎刈りの長男の散髪を急いで済ませ、お風呂で髪の毛を洗い流しました。

　翌日、外に出て見てみると生活に支障があるような被害は見当たらず、いつもの家事をこなし、小型バイクで熊本市内の用事を済ませまっすぐ家に帰りました。

　まさかそのときは、これからの本震で自分が通った国道が崩落することや風呂に入れなくなるとは思いもしませんでした。

前震直後の夜空（筆者撮影）

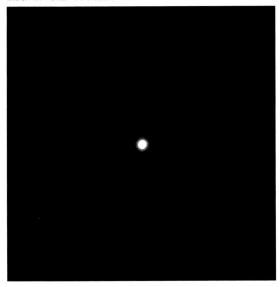

4月14日の県内の様子

・21時26分頃　益城町で震度7、M6.5の「前震」が発生

・一部でガスや電気などライフライン寸断

本震直後

夜の1時半頃、緊急地震速報のキューインという警報音に叩き起こされました。来るぞ！　と身構えていると、ユッサユッサと家全体が基礎部分から揺れているのが分かりました。

揺れが一旦収まってから、まずは寝床に置いているLEDライトで子どもたちの安全を確認し、みんなで家の庭に出ました。周りの家々でも人々が活動している声が聞こえます。でも電気がつきません。家族全員の安否を確認できたので、その夜は揺れた家のベッドに戻り、寝つけないまま朝を迎えました。

一夜明けて

睡眠不足の状態で起床してみると「世界」は一変していました。

家の中は、家具や本や食器がめちゃくちゃでした。コーススレッドというビスとL字金具で止めている食器棚は動いていませんでしたが、中の食器はほとんど棚から飛び出して割れて原形をとどめていません。冷蔵庫の中のものも飛び出していて、ソースや牛乳など液体が地面に広がっており、片付ける気力が失せてしまいました。水洗トイレも使えません。

とりあえず外に出てみると、国道から家までの私道に隣家の納屋が倒壊してきて、自分たちの車が出せませんでした。水道も出ません。水道管が破断してあちこちで漏水しているようでした。携帯の電波も入りません。おそらく基地局が停電で機能していなかったのでしょう。

とりあえず歩ける範囲で近所を見まわると、国道がオフロード競技のジャンプ台のように大きく隆起しています。JRの線路もレールが大きく湾曲し、列車は通れそうにありません。当然保育園も開いておらず、家

族の経営する店もこんな状態ではとても営業できません。家族で集まって自宅避難所を開設することにしました。

ガレージで自宅避難（筆者撮影）

　自宅避難所でまず行ったことは、水の確保、トイレの確保、燃料の確保です。家にあるもので食事を準備するために、近くの湧水を汲みに行きました。また古いキャンプ用品が家にありましたので、我が家で唯一鉄骨造りのガレージにテントを設営し、寝床を確保しました。またカセットコンロとキャンプ用のバーナーで食事の支度をしました。

　そして携帯の電波を拾えないため、手回しラジオでこの地震の惨状をやっと知ることができました。

　ここからは本震直後からの震災記録を記した私のSNSの日記です。

本震直後からの震災記録（SNSの日記より）

4月15日

- 気象庁が「平成28年熊本地震」と命名

4月16日（震災1日目）：情報不足

　未明の地震は思いの外ひどかったです。なんとか生きてはおりますが、ライフラインが寸断され、朝から野外生活の準備に追われています。家族みんな元気ですが、いつになったら日常に戻れるか全く分からないです。国道は線路ごと流され、鉄橋が落ちている箇所もあるそうです。メッセージをいただいても個別に返事をできませんが、ご容赦ください。

隣の家から倒壊した納屋（筆者撮影）

- 1時25分頃、益城町・西原村近くで震度7、M7.3の「**本震**」が発生

・熊本市や阿蘇市、南阿蘇村などは震度６強。その後、震度６弱以上が３回発生

・国道57号が土砂崩れにより寸断、阿蘇大橋が崩落。JR豊肥線も線路が土砂に埋まる

4月17日（震災２日目）：我が家流のライフラインの確保

　近くの小学校は避難所となっており、自衛隊の炊き出しの高菜おにぎりとミネラルウォーターの配布が始まりました。九電の対応が早く、避難所の阿蘇西小体育館だけは電気が復旧していました。

　まだ余震が続いており道路復旧の見込みが立たないので、ボランティアの受け入れは自粛しているとのことです。

　我が家は父、母、私、妻、長男、次男に弟夫婦とその子どもの９人で集まって避難しました。家にプロパンガスと練炭があったので、鍋で米を炊いて、冷凍食品をおかずに食事ができたのですが、これからは生鮮食品の確保が課題です。それでも家で過ごせるだけ幸せだと思います。

　幸い昨日の予報より雨が少なかったので、二次災害はなく、雨水を桶に溜めてトイレ用の水を確保できました。もちろん飲めませんが、我が家の雨水の貯水量は100リットル桶で20個分も確保できました。実家が郷土料理店を営んでいるので漬物桶をたくさん持っていたことと多雨な阿蘇地域だからできた特殊なケースかもしれません。

　東海大学そばの阿蘇大橋が崩落し、付近の国道57号や豊肥本線が土砂に埋まりました。現場近くのアパートでは生き埋めになった学生がいらっしゃいます。うちの周りで死者はいませんが、家が崩れて骨折した店の従業員さんがいらっしゃいました。

　自衛隊の方々が見回りに来て、人的被害がないか調査をされていました。物損は後回しで、人的被害に即時対応するための聞き取りのようでした。山口県の各地域から消防車が隊列を組んで応援に来るのを目にすると胸が熱くなります。早く元の生活に戻れますように！

外で食事をとる子どもたち（筆者撮影）

・M3.5以上の余震発生回数が新潟県中越地震を上回り、過去最多となる

4月18日（震災3日目）：携帯の電波を求めて

　我が家まであと少し！　旧ロッキー跡地での北陸電力の活躍により近隣地区の電気が復旧しました！

　携帯の電波を拾えないので、受信感度のよい場所を求めて車で探しました。幸い車で3キロほど東の乙姫地区は通信状態が安定していたので、スマホのテザリングでChromebookを使って、現状をFacebookにアップしていくことにしました。

　阿蘇市独自の光回線を使ったお知らせ端末は機能していないので、ラジオ以外にはインターネットで調べた情報がとても役立ちます。

発電機車から送電線に電気を供給している様子（筆者撮影）

・熊本市の2避難所でノロウイルスの発症が報告される

4月19日（震災4日目）：いち早く復旧された迂回ルート

　家のそばの「阿蘇うま牧場」まで電気が復旧していましたが、我が家にいつ電気が来るのか全く分かりません。お風呂は買い物とガソリンの補給を兼ねて隣の大分件竹田市まで行くご家庭が多く、内牧でも自噴している入船や新穂湯は激混みで、灯りは点かないけれど、入浴できるそうです。

　道路は国道57号線の代替路として赤水から二重の峠を登って大津町まで下るルートが復旧しました。あとは一の宮町から高森町経由でグリーンロード（通称ケニーロード）を通り、西原村から熊本へ通ることができますが、かなり時間がかかり、普段40分で行けるところが2時間かかりました。

物流はクロネコヤマトが配達を再開し始めました。ただし溜まっている荷物を配達しているので、新規で送れるかは確認していません。

　避難所では心不全で亡くなった方もおり、阿蘇ではおたふく風邪が流行っている避難所もあると耳にしました。買い物は菊陽方面でも物資が不足していて、コインランドリーで出会った菊池の方は大牟田まで足を伸ばしているそうです。

　農道も地震の影響であちこち陥没しており、通行止めが相次いでいます。

　噂ではなく信頼性の高い情報が欲しい場合は阿蘇市役所のFacebookページが役に立ちますので、探してみてください。

家族はみな元気です。北外輪山は水害のときよりも地震の影響による土砂崩れがひどいです。

今日の工夫：ミニミニ太陽光発電

荷物に埋もれてバキバキに割れていますが、大活躍の太陽光パネル。
光エネルギーを変換して車の中古バッテリーに蓄電し、車載のインバーターを使ってDC12VをAC100Vにして、家族の携帯とスマホと充電式ライトやモバイルバッテリーを充電しています。パネルがいつまで持つか怪しいけど、無駄知識が役に立っています。

自作太陽光発電装置（筆者撮影）

今日の工夫：雨水利用

子どもがテントでお昼寝なので、横で見守りしています。
写真は雨水をためるタンク代わりの漬物桶です。屋根瓦を伝って落ちる雨水を溜めて、水洗トイレのタンクに水を補充しています。水害のときは浄化槽が冠水して使えなかったけど、今回はトイレが使えるだけでも精神的に少し楽です。

漬物桶の貯水槽（筆者撮影）

冷蔵庫が使えず牛乳が悪くなるので、ホットケーキを食事代わりにしました。
（筆者撮影）

- 震災でよくあるデマがSNS上で飛び始める

- 八代市でも震度5強の地震発生

4月20日（震災5日目）：ごった返すコインランドリー

　営業しているコインランドリーはどこも2～3時間待ちなので、kindleでダウンロードした無料本を読んで待ち時間を過ごしました。「東日本大震災の実体験に基づく災害初動期指揮心得」では、阿蘇で見かけた地方整備局の頑張りを知ることができ、胸が熱くなりました。「東京防災」で水洗トイレに紙を流さないという知識を得て、使用済みのペーパーはゴミ箱に入れるというのを家でも実践しました。

|||||||||||||||||||||||||||||||||||||||||||||||||||||||||||||||||||||||||||
今日の工夫：トイレの水の確保その2

ぎっくり腰対策として雨水を軒下の桶からバケツで運んでいたのを、ドラム缶用の灯油ポンプと雨どいで水洗トイレのタンクに給水できるようにしました。あとは家の雨どいからのルートを作ればさらに水汲みが楽になるかも。でも日没で時間切れでした。

トイレに雨水を給水するためにブロックで高さを稼いで灯油ポンプで給水する
（筆者撮影）

|||||||||||||||||||||||||||||||||||||||||||||||||||||||||||||||||||||||||||

4月20日（震災5日目の夜）：スローなキャンドルナイトから電化deナイト

　発電機車のおかげですが、夜8時前後に周りの家に灯りが灯ったのを見て、電気が復旧したのに気づきました！　毎日蛍光灯のないロウソク生活でしたから、電気の照明一つでもとても眩しく感じられ、ありがたさを感じました。昼夜を問わず、復旧に奔走してくれている方々に感謝です。

家の前の発電機車の写真（筆者撮影）

　関西電力の車を見ると学生時代を過ごした京都を思い出して懐かしい気持ちになります。

　明日からまた大雨の予報でしたが、今日はカウンセリングを受けにミルクロードを通って菊陽町まで出かけました。カウンセラーも自宅に居れず車中泊をされているとのこと。お互いの無事を喜び、近況を互いに報告しました。誰かと話すのはストレス解消になります。

　コインランドリーは2時間待ちで、順番でトラブルが起きないように機転を利かせた方が隣の店から紙とペンをもらってきて順番待ちリストを作っていました。日本人らしくていいなぁと思い、新しく来た方に順

番のルールの説明をして過ごし、同じ被災者同士でいろんな情報交換しました。

今日あたりから疲れがたまってきており、じっとしていると動けなくなりそうだったので、家族のリクエストに応えて、水洗トイレの水の補給方法を工夫したり、明日の大雨の貯水の準備をしたりしたけど、眠くて仕方ありません。

発電車も大量の化石燃料を使って発電しているので、各家庭が節電すればいいなぁと思いながら、まずは我が家の電気の使用を最低限にしたいと思います。

皆元気です。赤水の親戚は水俣市に避難しています。

農面道路は春牧農場の区間が一部不通ですが、国道212から赤水までは通れます。

温泉も少しずつ無料開放してくれるところが増えています。

保育園はとりあえず23日まで休園期間が延長されました。水道があちこちで分断されているので水が復旧しないことには食事とトイレなどの問題で再開は難しいのかもしれません。

電気のない暮らしに慣れてしまったので、星がよく見えるようになりました。

‖‖‖

今日の工夫：指圧器具を自作

雨風がとても強い阿蘇です。
室内にいるので疲れを取るためにストレッチしたり、開いている温泉を探したりしています。どなたかのSNSでお見かけしたのですが、家にある手近な2個のテニスボールを布テープでぐるぐる巻いたら簡易指圧器の出来上がりです。軟式野球のボールでもいけそうです。腰の下に敷いて自重をかければ適度な圧迫感で、すごくいいです！

ボール2つでできる指圧器(筆者撮影)

- 発達障害の当事者会が共助活動を開始
- 首相官邸の政府応援ページにて既に決定した施策を確認できるようになる
- 主要キャリアの充電スポットマップを確認
- 防災ママブックの閲覧ができる
- ピースウインズ・ジャパンのペットや女性用シェルターの設置がアナウンスされる
- 九電が県内全域の停電解消を発表
- 南阿蘇村立野の崩落現場に無人重機が投入される

4月21日(震災6日目):いい湯だな

　地震後初めて湯船に浸かりました。隣町の施設アゼリアが営業しているのを電話で確認し、雨の中行ってきました。手指の逆むけに雑菌が入って爪の付け根があちこち腫れて痛かったのですが、少しマシになった気がします。水道が使えないことで衛生状態がこんなにも変わるのですね。とりあえずきれいにして抗生剤を塗りました。

　今日は朝から大雨で昼には止むはずでしたが、夕方まで続いたので外

の作業は何もできませんでした。けれど雨水をたくさん貯水できたので、生活用の雑水をかなり確保できました。

　雨なので長男、次男、甥っ子の3人と少し遊んだのですが、下の子2人はまだ幼いので私の頭に空き缶や絵本を乗せておっとっととふざけるだけで大興奮です。それでも、いつも元気いっぱいの長男は保育園のお友だちと遊べない寂しさ、お兄ちゃんだからと我慢を強いられることが続いたせいか我慢の限界に達して突然嗚咽し始めました。ギューとしてあげて背中をゆっくりさすってあげていたら、そのうち眠ってくれました。小さな身体と心にも震災のストレスがのしかかってきているのかもしれません。避難所にいる方に聞くと、同世代の遊び相手が見つかった子はわりと精神状態も安定しているみたいです。

背中をさすっていたら眠った子ども（筆者撮影/加工）

　熊本市内ではYMCAやセーブ・ザ・チルドレンが未就学児のストレスケアに乗り出したり、阿蘇ではネイチャーランドさんが避難所でMTB教

室を開いたり、いろいろな動きが始まりつつあります。私もちょっと怒りっぽくなってしまっていて、子どもの気持ちをしっかり受け止めてあげたいなと思い、少し反省しました。

　非常時なので、自分も調子がおかしくなってしまうことがあり、気をつけなければなりません。

立野地区の崩壊現場（筆者撮影）

・九電が南阿蘇村の黒川第1発電所貯水設備の崩壊を発表

4月22日（震災7日目）：井戸水が出た！

　今日は家の井戸を復旧させました。電気が来たので先に家族が揚水ポンプのスイッチを入れましたが、動きませんでした。リセットスイッチを押してもダメ。通電はしているようですが、モーターの作動音がしません。
　それでもネットでエア抜きの方法が分かったので無事水が出るようになりました。

ポンプを作動させる直前(筆者撮影)

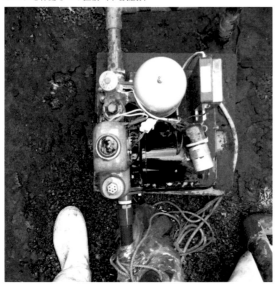

ポンプが動いた！（筆者撮影）

その方法をご紹介します（自己責任でお願いします）。

1. ポンプのカバーを外します。
2. できる限り乾燥させます。
3. 家中の水道の元栓を閉めます。
4. 呼び水タンクのふたを開けます。写真では一番高い位置にあるふたをモンキーレンチなどで左回りに回して開けます。
5. ジョウロなどで水を注ぎ入れます。
6. ポンプの電源をいれます。
7. ゴボゴボと音がして水があふれてきたら一旦ポンプの電源を切ってふたを閉めます。
8. もう一度電源をいれて通水させて水が出てきたらOKです！

地震で水脈も変わっているかもしれませんので、必ず出続ける保証はありません。雨水や湧き水を活用しながら避難生活を続けたいと思います。

枯れた湧水（筆者撮影）

・「トヨタ通れた道マップ」で道路の状況を確認できる

4月22日（震災7日目その2）：水道管のバイパスを自作

　私自身もかなり疲れています。幸運にも朝から揚水ポンプを復活させることができたので、家の灯油ボイラーに井戸水を供給させようと思い、部材を調達しました。必要なのはPE管と接続用の金具とシールテープです。

　熊本県内のホームセンターが営業していないので、往復170キロかけて大分まで調達しに行きました。途中で心配してくれている京都の友人に電話をかけて無事を報告し、落ち込みそうな気分をポジティブに切り

替えました。Kちゃんありがとう。

　ホームセンターで部材を調達し、親戚が携帯ラジオが欲しいとのことでしたので、電気店で購入し、帰路へ着きました。帰ってきたらもう夕方でした。

　帰り道に昔の上司である九州バイオマスフォーラムの中坊さんから地域の避難所の様子を見てほしいという連絡が入り、枳公民館と赤水公民館にヒアリングに行きましたが、物資は足りているようでした。ただ阿蘇西地区は被害の大きかった立野の隣なので、水道復旧のめどが立たず、調理に困っているとのことでした。

自衛隊が常駐してくれていた枳公民館（筆者撮影）

赤水公民館でも自衛隊が給水してくれていました。(筆者撮影)

　家に帰ってみると国道から我が家への入口にある瓦礫除去を提案され、夕方5時過ぎから急遽チェーンソーなどを使っての作業と相成り、やっと普通車が通れる道幅を確保できました。
　夕食は旬のタケノコを使った、まぜごはん。野菜がほぼ手に入らなくなり、近くに生えていたヨモギの天ぷらと庭のウドの天ぷらでした。いつも料理に工夫をこらしてくれる家族に感謝です。

家の周りの食材で作った天ぷら（筆者撮影）

　それから、阿蘇では天日と呼んでいる太陽熱温水器のお湯をお風呂に落として、復活した井戸水で湯温を調節して、震災後初めて自宅のお風呂を利用できました。記念すべき一番風呂は子どもたち。そのあとで井戸水の取水口からバイパスを作ってボイラーにつなげました。でも今度は水圧が高すぎてボイラーからお湯がオーバーフロー。もったいないので揚水ポンプからの地下水を天日に一旦バイパスを作って圧を逃す作戦をとりました。

阿蘇地域でよく見かける天日（太陽熱温水器）。夏は50℃以上になり、200リットル貯水可能（筆者撮影）

　しかし接続を終えても今度は一滴も出ません。配管内にエアを噛んでしまったようです。
　四苦八苦しながら、天日から落ちてくる配管を外し、自然落下してくるのを待ってつなぎ直したところ、無事に出るようになりました。これで地下水が枯渇しない限りは、家でお湯が利用できるようになりました！子どもたちの感染症対策ができそうです。普段はあまり役に立たない私ですが、アスペルガー症候群特有の好奇心のおかげで、いろんな業者さんの作業を横で見て、その手順をおおよそ記憶しているので、今回はとても役に立っています。道具と材料があれば、なんとかなるものです。さすがに疲れたので今日はここまで。

青い管が今回つないだ地下水からのバイパス。記録しておかないと思い出せなくなりそうです。(筆者撮影)

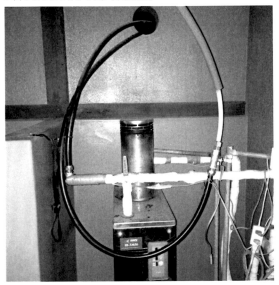

仮組み中のバイパス（筆者撮影）

||||||||||||||||||||||||||||||||||||||||||||||||||||||||||||||||||||||||||||||||
今日の工夫：入口を塞いでいる納屋の解体に着手

家の入口に隣の納屋が倒れてきて道を塞いでいましたが、家族の要望で急遽夕方片付けることになりました。準備したのはバール、チェーンソー、インパクトドライバー。瓦を撤去して、ルーフィングを破り、板をバールではがしていきます。ある程度柱が見えたらチェーンソーでガシガシ切ります。トタンの雨どいなどを力技で外して、なんとか道が広がりました。なかなか気力が足りず、この撤去作業に着手できませんでしたが、あと2人ぐらい人がいたら全部人力でもできそうです。

家屋解体に使う手工具（筆者撮影）

- グリーンロード南阿蘇（通称ケニーロード）全線開通する

4月23日（震災8日目）：近くの避難所のニーズ調査

　あまりにも疲れており、片付けを途中で放棄して横になっていました。今日は昨日4月22日に買い物へ行く道中で見かけたことをお伝えします。
　阿蘇西地区では送電線を支える鉄塔があちこちで傾いて破損しており、急ピッチで新たな鉄塔の建設が進んでいます。
　枳公民館と赤水公民館のニーズをヒアリングにいきました。枳では10数名の方が、赤水では60名弱の方が避難所暮らしを続けています。東日本大震災などの経験が今回生かされているようで、両避難所とも極端な物資不足はないそうです。あえて言えば「新鮮な水」と「次亜塩素酸」などの衛生に関わるもの、おかずになる缶詰が欲しいという声を聴きました。
　枳公民館の前の牛舎は写真のように倒壊しています。

倒壊した牛舎（筆者撮影）

　他の地区でも牛舎がつぶれたり、水を確保できなかったりといった理由で、牛たちの命が危険にさらされています。
　阿蘇西地区から南阿蘇へ行くには一の宮町から箱石峠を越えて高森に抜けるルートが生きているのですが、どうも根子岳のてっぺんの形が変わったように感じます。
　阿蘇では自衛隊や消防隊の他にも各地の警察や機動隊が警らして、安全と治安を守ってくれています。その他にもたくさんの方々の勇気と行動によって私たちは生かされています。

点灯しない信号と自衛隊車両（筆者撮影）

　うちの家は国道沿いにあるので様々な特殊車両を目にします。通信インフラを支える携帯キャリア各社のおかげでたくさんの情報を調べることができています。北海道電力など電気を供給してくれる電力各社のおかげで家に電気が復旧し、生活が格段に楽になりました。これからの復興へ向けて、昼夜を問わず送電線の工事をしてくれている電気設備工事各社のご尽力。神戸市などのパッカー車部隊はゴミ収集を支援して各地域の衛生状態の改善に役立っています。道路工事の方々は生命線とも言えるミルクロードから大津町までのルートをいち早く道路を復旧させてくれました。立野地区の土砂を取り除く作業には無人のパワーショベルがその任務に当たっています。無人機を開発した人たちはこんな状況を想定していたのでしょう。地域の民生委員は社会福祉協議会を中心に来週26日よりボランティアセンターを本格的に立ち上げようとしています。私も3月まで障がい者支援員をしていたので、微力ながら協力することを伝えてきました。

　誰もが、自分の持っている能力を発揮して、この局面を乗り切ろうとがんばっています。

私が提供できる専門技術はありませんが、国や自治体に要求ばっかりするのではなく、自分たちでできることを少しずつ行っていこうと思います。

　私たちの住む地域は水道の復旧の見込みが立たず、保育園が無期限で休園しており、思うように動けません。今日は子どもたちも被災してからの疲れが溜まったせいか、昼間は寝返りも打たずひたすら眠っていました。幼い子どもたちにとっては始めて経験する地震の恐怖や見通しの立たない不安と闘っていると思います。少しでも子どもたちが地震前と同じように楽しく過ごせるように一緒に遊ぼうと思います。

今日の工夫：太陽熱温水器の水漏れ修理

阿蘇地方は天日と呼んでいる太陽熱温水器が普及しています。日中の太陽光で水を温め、夜にそれをお風呂で利用する単純なシステムです。昨日井戸のポンプを復旧させたけれど、水圧が強すぎたので、バイパスとして天日につないだのですが、昨日の時点では天日から水漏れしていましたが、真っ暗だったので、通水を止めていました。今朝、屋根に上がり、水の経路を確認したら、水洗トイレで使っているのと同じようなボールタップが斜めになっていたので地面と垂直にして、数回動作テストしてみたら、オーバーフローしていた水が止まりました。しばらく使ってみてまた様子を確かめたいと思います。あまりにも疲れがたまっているので、重要なことはできない一日でした。

太陽熱温水器のフロート部分（筆者撮影）

今日の工夫：雨どいからトイレの水を確保

電気が使えるので、お風呂の残り湯を洗濯機に移すバスポンプを活用して、雨水を水洗トイレのタンクに給水できるようにしました。ただし雨水を溜めるのが大変なので、手近な雨どいを途中から金ノコで切断し、家にあるパイプで桶に貯水できるようにバイパスを作りました。パイプの接続など現物合わせで適当にやっているので、工作精度が低いのが難点ですが、日々改善していこうと思います。

雨樋を途中で切断して雨水を貯水できるように改造。奥に見えるのはトイレに給水するための桶とポンプ（筆者撮影）

電気を使わない遊び①

地震で電気が使えないとき、雨が降って外で遊べないとき、複数人で遊ぶとき、うちの家ではカルタ、七並べとかカードゲームをしたり、パズルやブロックで遊んだりしています。

昨日の夜は写真絵本の『ミッケ』で気分転換しました。この本はおもちゃ箱をひっくり返したようにカラフルな小物がたくさん並べてある写真の中から、お題を考えてみんなで探すという遊びの絵本です。例えば「木でできたバット」はどーこでしょ？　とお題を言って、見つけた人が「みーっけ！」と指差す単純な遊びです。

大人でもなかなか見つけられないような凝ったレイアウトになっていて、年齢問わず一緒に楽しめます。もし誰かの支援で手に入れることができるなら、『チャレンジミッケ！1 おもちゃ箱』（小学館、2005年）が手に入ると、子どもたちが楽しい時間を過ごせるかもしれません。

熊本地震日記　前編　SNSの記録 | 39

ミッケで遊ぶ子どもたち（筆者撮影）

||||||||||||||||||||||||||||||||||||||||||||||||||||||||||||||||||||||||||||||||||

・益城町の避難者宅に空き巣に入った容疑で男が逮捕される

4月24日（震災9日目）：デマの流布と子どもたちの体調不良

　全国ニュースで地震のことが取り上げられる機会が既に少なくなってきました。

　SNSの弊害としてデマが拡散し、ある避難所で肉100キロ焼きますというバーベキューイベントの偽情報が拡散してしまい、避難所で活動しているスタッフらに多大な迷惑がかかったようです。同じ日にラジオでもバーベキューネタが流布されており、巷にあふれる情報の渦から正確に取捨選択する能力が求められています。うちの弟も信じていました。

　今日はあいにくの曇り空で外での活動が制限されました。家の周りはいつもならディーゼル列車が通り、遮断機のにぎやかな警報音が聞こえるのですが、ひっそりと静まりかえっています。写真に写せば銀色に光るはずのレールも錆におおわれており、廃線になってしまったかのような錯覚を覚えます。

収穫されなかった高菜畑の中に、私たち家族が利用していた湧水があります。

家の近くの湧水（筆者撮影）

　地震の衝撃の大きさは線路の枕木を大きく揺さぶり、この復旧にも多大な時間と労力がかかるでしょう。

動いた枕木（筆者撮影）

鉄橋のそばでは法面が崩落し、川に落ちていました。

崩壊した法面（筆者撮影）

高菜畑の向こうでは電設屋さんが結集して仮設の鉄塔を建てており、雨の日も夜も作業されている様子は心を打たれます。

建設中の鉄塔（筆者撮影）

本当に懸命の復旧作業に頭が下がります。

JR市ノ川駅前の線路は大きく湾曲しており、あの重たいレールがグニャッと曲がっていました。

曲がったレール（筆者撮影）

　各地域で疲労の色が見えています。
　amazonの「ほしいものリスト」もうまく活用されていません。熊本市内のある小学校のPTA役員がamazonほしいものリストを悪用して、複数台の液晶テレビ・ビデオカメラ・デジタル一眼レフなどを不当に着服し、本来謝る必要のない校長先生が謝罪していました。
　被災者の欲しいものと支援物資との乖離が少しずつ生じています。震災の超初期段階である72時間を過ぎ、初期段階である1週間を越えました。自主的な炊き出しチームが一定の役目を終え解散している地域もありますが、まもなく社会福祉協議会や民生委員によるボランティアセンターの設立がもうすぐです。支援は次の段階に移ろうとしています。ですが阿蘇西地区は水道の復旧のめどが立たず、保育園の再開も分かりません。
　ある避難所ではトイレと居住区を同じ靴で行き来していたせいでノロウイルスの集団感染が起きました。水道が出ないことでの衛生面の悪化

が心配です。私自身満足に手を洗えず、作業用手袋を脱着する際に逆むけがひどくなって、ばい菌が入って指がパンパンに腫れていました。

うちの子どもも今朝は疲労のせいかマーライオンのように嘔吐してしまいました。胃を乾してたくさん眠ってからは元気になり、今日の写真を一緒に撮りに出かけられるまで回復しました。

本当に長い復興への毎日です。ぼちぼち行きましょう。

今日の工夫：太陽熱シャワーの自作

少しでも燃料を節約するのにポリタンクを黒く塗って、ミニ太陽熱温水器を作っています。晴れたらシャワーに使う予定。さて阿蘇の日照では水温は何℃ぐらいになるでしょうか？

左写真の黒くペイントしてあるのがポリタンクで作った太陽熱温水器。右の写真は、ポリタンクを黒く塗ってソーラーシャワーを自作中の様子です。（筆者撮影）

電気を使わない遊び②

家にゲームがなくてもできること。それは歌を歌うこと！

子どもたちのお気に入りの歌を一緒に歌ってあげるだけでも、子どもたちはストレスを発散させることができます。勇気がわいてくる歌。元気が出る歌。優しくなれる歌。子どもたちが知らない昔の歌。気持ちがこもっていれば、どんな歌でも大丈夫！
今日の我が家は「きかんしゃトーマス」や「アンパンマン」の歌を合唱しています。
大きな声を出すことやヒーローと自分を重ねることでこのしんどい状況を乗り越えられると思います。ボチボチがんばります。

||||||||||||||||||||||||||||||||||||||||||||||||||||||||||||||||||||||||||||||||||

・登山家の野口 健さんが益城町にテント村を開設。車中泊からテント泊へ移行する人も

4月25日（震災10日目）

しんどくて何もできていません。

・熊本地震が激甚災害指定となる

4月26日（震災11日目）：コーヒーはいかが？

今日は昨日ほど疲れていないけれど、家族みんなに疲労が蓄積されているのが目に見えて分かります。今も余震がありました。しかもお天気が悪いので、洗濯物が乾きません。

昨日ぐらいからお見舞いに来る親戚や知人もちらほらと。両親がお客さんと話をしている間に子どもを見てくれたらいいのですが、子どもそっちのけで話をするので、私は子守をしつつ、ご飯の準備とかで思うように動けませんでした。

本当はバイクの車検が切れるので、その準備とか健康保険についての問い合わせとかボランティア活動保険の加入とか自分の部屋の片付けだって終わってないのですが、みんなが好きなペースで好きなように動くので、怒りをため込んでしまい、軽く爆発してしまいました。

気を取り直して昨日今日の周りの様子をお伝えします。

1枚目の写真はおねしょした子ども服の下洗いを雨水でしたときの写

熊本地震日記　前編　SNSの記録 | 45

真。なんだかキレイな苔です。昨日の雨水はとても冷たかったです。

手洗いした洗濯物（筆者撮影）

　家族が店舗の片付けをがんばっているので、夕飯に冷凍してあったうどんの肉を利用して牛丼と他人丼を作りました。他人丼と私が呼んでいるのは、卵は鳥だけど肉が牛だから。人ではないのですけどね。味は良かったみたいですが、ネーミングに微妙な反応をされてしまいました。本当は京都で働いていたときのヨコハマ丼を作りたかったのですが。

　2枚目はタバコをやめた私の最後の嗜好品「コーヒー」です。ごほうび的にハンドドリップで入れています。ちなみにドリッパーはコーノ式です。インスタントすら手に入らない方もいらっしゃるので、気が引けます。余裕ができたら市ノ川駅前で自転車バイクの修理＆空気入れとコーヒーのサービスなんてできたらいいなあと思っています。

ドリップしたコーヒー（筆者撮影）

　3枚目は水をカスケード利用されているお宅の補修作業の様子。自噴している水を1段目では飲用として、2段目は野菜など口に入れるものの洗い物などに、3段目は茶碗のすすぎ洗いや洗濯などに利用する先人たちの知恵です。今回の地震で敷地のあちこちに地割れが生じており、既に地元の職人さんにお願いして、家主も一緒になって左官工事をなさっていらっしゃいました。その合間もひっきりなしに水をもらいに来る方々が。

奥にあるのがわき水をカスケード利用する階段状の貯水槽。上流は飲み水に、下流は洗い物に使います。(筆者撮影)

　4枚目はお見苦しいですが、我が家の客間のトイレです。

バスポンプで給水（筆者撮影）

　子どもがどうしてもここのトイレでしたいとのことで、外に漬物桶を置き、復旧した電気を使ってお風呂用のバスポンプを作動させ、外の桶の雨水をトイレのタンクにスイッチ一つで入れることができます。おかげで子どもでも給水できるようになりました。電気がまた停電したとき用に灯油ポンプ方式も残してあるのですが、灯油ポンプは長さが足りず、エアコンのドレンホースを無理矢理つないであります。
　ボチボチがんばります。おやすみなさい。

・「震災関連死14人、エコノミークラス症候群37人」と発表

4月27日（震災12日目）：感覚過敏には辛い発電機車の音

　自転車のホイールの振れ取りを熊本市にいる師匠にしてもらい、ラーメンを食べて充電したつもりですが疲労が蓄積しており、目立った報告

はできません。

　行定勲監督の新作「うつくしいひと」で、震災前の熊本の美しい風景を観ることができます。昨日は東京でチャリティ上映会が開催されたようです。ぜひこの映画を見て、熊本の良さを確かめに来てください。

　なかなか疲労がとれず、睡眠が足りていないようなので、家族にお願いして昼寝をしました。28日の朝未明から29日にかけて、送電線の工事で一時停電になるというアナウンスがありました。この工事が終われば、発電機車の重低音に眠りが浅くなることから解消されるかもしれません（発電機車には感謝しているのですが、発達障がいの感覚過敏のせいで、家の前の車からのブーンというかゴーンというか低周波音が聞こえてあまり眠れないのです）。

子どもが描いた発電機車の絵。彼にとっては頼もしい存在だったらしく、お気に入りのヒーローと同じ赤青黄のライン入りです。（筆者撮影）

また家の近くの公民館の避難所が今日で閉鎖になりました。自衛隊の方々は本当にお疲れさまでした。避難所がなくなったせいで、ある方はうちの近くの公衆電話からしきりに電話をかけていました。きっと寂しいのでしょう。その方は電話のあと、タクシーでどこかへ去って行かれました。お話を聞いてあげたい気持ちもあるのですが、私はそんな気分になれませんでした。

　Facebookで面識のない方からの友達申請が来るのですが、一言メッセージを添えていただけるとありがたいです。

　今日は雨もひどかったので、先日26日の阿蘇の様子をお伝えします。

　阿蘇市ボランティアセンターに相談に行ったときに通行止めになっていた甲賀無田の道路が通れるようになっていました。知らない方に説明すると内牧駅から内牧温泉へ行く道のことです。そこは道路が大きく陥没しており、落差1メートル以上でバイクでも無理な状態でした。

狩尾の陥没場所（筆者撮影）

　ですが写真にあるようになんとか傾斜をつけ、一旦下ってまた登るという形で復旧されていました。この場所は調査の方々が数多く訪れていました。ただし車高の低いスポーツカーはボディをこすること間違いなしです。

狩尾地区の外輪山（筆者撮影）

　各所で土砂崩れが発生しており、過去にも鉄砲水などで住居に被害が出ていますので、雨が降ると避難を余儀なくされています。山の斜面の草を刈って扇形にしていた場所の付近も崩落していました。

断層の上にあるお墓（筆者撮影）

　この地区はおそらく狩尾地区だと思われますが、断層がはっきり見えるほど隆起していました。

ロール置き場の地割れ（筆者撮影）

　牧草か何かのロール置き場の地面がまるで何かの模様のようにあちこちで地割れしていました。

私道の地割れ（筆者撮影）

　民家の私道もあちこちで割れており、車を避難させている方が大勢いらっしゃいます。

尾ヶ石か狩尾地区の外輪山の様子（筆者撮影）

　北外輪山の情報がやっと昨日の新聞に載ったようですが、水害のときよりも無残な形になっています。
　今年の山菜採りは土砂崩れに気を付けなければならなくなりました。被災された方はみんなすごく疲れていると思います。少しでも眠る時間があれば、目を閉じて脳と心を休めませんか？　どんなに精神がタフな人でも一人になる時間はきっと必要ですよ。

増水した河川（筆者撮影）

・ドコモの通信障害回復で大手3社の携帯電話が県内全域で使用可能に

・被災家屋2万7千棟と県発表

・阿蘇市災害ボランティアセンターが活動開始

ボランティアセンターにあった参加の手順書

4月28日（震災13日目）：保育園の再開

　疲労が取れず睡眠が足りていないようなので、家族にお願いして昼寝をしました。少し眠るはずがけっこう寝てしまい、今日から始まった別の保育園への子どものお迎えに間に合わず、妻にあたってしまいました。今日から系列の他の保育園での異年齢保育が始まったのです。

　お昼間はお店の社員さんを集めての地震後初のミーティングでした。

　このままでは建物の安全生を考えると、お店を開けることができないこと。水が復旧するのがいつになるか分からないこと、国道が崩壊して、お客様がいらっしゃらないことなどを考慮し、スタッフの皆さんを会社都合で解雇することをお伝えしました。再開できた暁には再雇用したい気持ちをお伝えしました。それから失業保険・年金・協会けんぽの任意継続のお話などを、何度か失業した私が説明して、私物を整理し、生き

残っていた冷蔵庫の野菜、みそ、漬物を分け合い、再開を約束して解散しました。なんだかとても疲れました。

　祖父が残してくれた店がもう営業できないのかと思うと、毎日ここで働いて学費を稼いでくれていた父や母の苦労を痛感します。今度は私が何かの仕事で稼いで、家族を助ける側になったのかもしれません。いろんなことを考えています。私は福祉の仕事を継続することにしていましたが、安い給料ではどうしようもないので、方向転換する必要があるかもしれません。

　友人の皆さんにお願いがあります。何か熊本（できれば阿蘇から通える範囲）で働ける仕事があれば紹介してください。とりあえず今日はスタッフの離職票の準備があるので、ここまで。

災害時のエネルギーについて

家の前の発電機車が撤収していきました。

数日間お世話になったのでなんだか寂しいですが、重低音が聞こえなくなるので少し睡眠の質がよくなるかもしれません。

市役所に行くときにあちこちで発電機車の撤収作業をされていたのですが、アスファルトに垂れた燃料（軽油？）に中性洗剤をかけて、ブラシでごしごし洗い流していたのを見かけて感心してしまいました。

送電線の切替作業もほんの数分で終わり、停電した時間も本当に少なくてすみました。

仮設の鉄塔は基礎工事が短期間ではできないからでしょうか何本ものワイヤーがアンカーに結ばれていて、日本の技術の高さを感じました。

8メーター道路と呼んでいる農面道路沿いには何本もの仮設の鉄塔が建っており、私たちは電力が回復するまで節電していたので、まるでヱヴァンゲリヲンの某作戦のような気分でした。

発電機車のことで分かったことがもう一つあります。阿蘇市の私たちが住んでいる道路沿いの地区にはおよそ2台の発電機車が活躍していたのですが、発電機車は軽油を使って発電しており、周りがご飯時だと電気の消費量が上がるので、ドラム缶の八分の一（およそ16リットル）ほどの燃料を1時間で消費してしますそうです。でも普段はその半分以下（およそ8リットル@1時間）で十分事足りるそうで、節電はしてほしいけれど、機械を動かしている間は電気を作って流し続けているので、電気を普段通り使ってくださいとのことでした。

そこで思ったのですが、各世帯が節電すれば燃料の消費はさらに抑えることができるので、ドラム缶の配送のエネルギーも消費できるので、このような災害に備えて再生可能エネルギーを

生活の一部に取り入れてはいかがでしょうか？　方法としてはよく見かける太陽光発電もありますが、あれば売電を主にしている場合は蓄電できないので、災害時にはあまり役に立ちません。そこで売電だけではなく自分の使う電気を自給するシステムがよいと思います。風力しかり、小規模水力しかりです。蓄電しつつ自分の家で使うことがいいのではないでしょうか？そして再生可能エネルギーには身近な資源を使ったものもたくさんあります。興味がある方は私が働いていた職場のサイトをご覧ください。

NPO法人 九州バイオマスフォーラム
http://kbf.sub.jp
‖‖

・震度1以上の余震が過去最多ペースで1000回を超える

4月29日（震災14日目）：水道が復旧した！

　昭和の日。本来ならばゴールデンウィークの観光客で混雑する道路も、今年は災害復旧車両が多く、まるで異なる時代に生きているような気分です。

　今日は電気が送電線による供給に完全に切り替わりました。そして隣近所では上水道が復旧したとの噂を聞いたので、通水する前に以前から気になっていた漏水箇所をはつりハンマーで特定する作業を行いました。しかし水道の地下に埋められた配管からの漏水修理は経験がなく、プロの作業も見たことがないので、ある人にお願いし、彼の友人で水道のプロに電話越しにアドバイスをもらいました。詳しくは後日報告しますが、おかげでどんな風にバイバスを作ればいいのかが分かり、必要な部材を購入できました。

完成した水道管のバイパス（筆者撮影）

　それからホームセンターから帰ろうとしたら、知り合いの教会の牧師さんから連絡があり、支援物資があるので取りにおいでとのお誘いでした。狩尾にあるゴスペルホームグローリーにお伺いしたところ、裏山の外輪山は土砂崩れの危険があり、大変そうな状況の中で友人や知人のために支援物資の配布に向かうチームが各地から集まっていました。子ども用のミルクや食料などをたくさん預かり、私の住む市ノ川地域の方に教会からのですとお伝えしながら、小さな子どものいる家庭を中心に配布して回りました。

教会裏の外輪山は土砂崩れが起きている（筆者撮影）

　それから水道工事をやろうと思ったのですが、どうにも気合いが入らないので、家族みんなこたつに入ってお昼寝しました。
　夕方遅くに目が覚めて、試行錯誤しながら水道の配管の設計を考えて、家族が食事をして水道を使わない間に工事に着手しましたが、未経験のことなのでけっこう難儀しました。それでもなんとか復旧し、家族が作ってくれた夕食のお好み焼きをおかずに白ご飯を食べて、大満足の夕食でした。
　しかし問題が起こりました。
　水道が仮復旧で遠い場所から送水しているので、水圧が足りませんでした。このままではボイラーが燃焼しないので、今まで通り我が家は地下水をメインに使用することにして、以前作ったバイパスに地下水の経路を切り替えました。
　今日は慣れないはつり作業で普段使わない筋肉を使ったので、あちこち痛いです。でもお風呂をためることができたので、さっぱりしました。
　夜は星がきれいでした。どの星を撮ればキレイな夜空になるのかよく分かりませんでしたが、ほてった身体を夜風で冷やしながら、水路を流

れる水の音やカエルの鳴き声に耳を傾けていると、普段の日常に戻ったような穏やかな気持ちになれました。

肉眼で見るともっときれいです。(筆者撮影)

　余震がまだまだ続いており気を抜けない状況ですが、少しでも頭をクールにして、この難局を乗り切っていきたいです。それではおやすみなさい。

- 西原村などで仮設住宅計100戸の建設に着工
- 大型連休で全国からボランティアが続々と現地入り

4月30日(震災15日目)：田舎だからできるDIY

　今日は天気が良く、絶好の洗濯日和でした。昨日から計画していた上水道と地下水の同時利用を進めるべく、ホームセンターに買い出しにでかけました。久しぶりに原付二種のバイクでお出かけです。燃費がよく1リッターのガソリンで50キロは走ってくれるので、ガソリン不足のときには大活躍です。

　ホームセンターは復旧作業のための買い物客で賑わっており、活気が

あります。実はみんなで食事をしている車庫の屋根には壊れたTVアンテナがあるので、それを立てる屋根馬と呼ばれるパーツも買いました。家に帰り、まずは簡単な屋根のアンテナを補修し、テレビを母屋から運んでニュースが見られるようにしました。

私は普段テレビを観ない生活なのですが、今回の地震がニュースでどのように扱われているのかを初期の頃から観ておけばよかったかな？

その後、部品が家になくて上水道の配管にフタができなかった部分に買ってきたパーツをはめて、配管を完成させました。それから上水道の元栓を開けて各所のエア抜きをし、水道のメーターが回らないのを確認できました。昨日の漏水修理がうまくできたもようです！

水道工事で活躍した道具（筆者撮影）

私の場合、家に工具があるからいろんなことができるのですが、都会で暮らしているときは、持っている工具やキャンプ用品も限られており、おそらく避難所で配給物資をもらうことしかできなかったと思います。

　今後、地域の方のために何か役に立つことがあれば、これから少しずつスキルを活かしていこうと思いました。

　それからグラインダーがいると連絡を受けたので準備をしていたら、内牧の自動車屋さんが手伝いに来てくれました。お店の流し台を修繕するためにネジの頭を飛ばしたいとのこと。だったら溶接すればということになり、急遽今日は溶接屋さんに変身です。実はあんまり溶接は上手ではなく、仕上がりが汚いのですが……。家で使っているのはスズキッドの100ボルトのノンガスタイプ。溶接面や手袋などを準備して、現場に乗り込みます。まずは溶接用の材料をステンレス用に変え、松本さんと2人で準備します。松本さんの素敵なところは、普通だったら、「俺がやるから黙って見てろ」となりそうな場合でも、根気強く私ののろまな作業を待っていてくれるのです。だから見られると余計に焦るのですが……。まずは流しの上にある台を溶接し終えたところでお昼です。みんなで家にあるものを食べ、すぐに午後の部の溶接を始めます。松本さんは家を空けてきたからと食事をとらずに帰られ、私は鉄のアングルと呼ばれるL字型の棒を買ってきて、グラインダーで削って流し台の補強部分に溶接します。下から上を向いての溶接なので、溶けた鉄を少し浴びてかなり熱い場面もありましたが、なんとか作業を終え今日の任務終了です。

　あまりにも眠いため、今日は次男と一緒にお昼寝。途中で長男がふざけて次男を起こしたため、睡眠不足の次男を抱えて別室に避難して夕方までしっかり眠りました。

熊本地震日記　前編　SNSの記録 ｜ 63

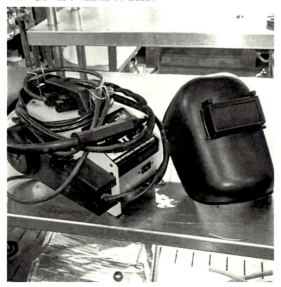
100V電源で使える溶接機（筆者撮影）

　狭くなったガレージでバイク整備もしました。油脂類は地震前に変えておいたので、マフラーをノーマルに戻して完了です！　来週は晴れたら陸運に行きます。
　自宅で店の座布団を干していたら、かわいい蛇がいたそうです。弟が捕まえたので、殺さすに原野に逃がしに行きました。シマヘビではないしクサリヘビ科のマムシでしょうか？

小さい蛇見つけた（筆者撮影）

　毎日があっという間に過ぎていきます。大したことはできないけれど、少しずつ日常を取り戻したいと思います。

・国交省が応急危険度判定で「危険」と判定した建物が東日本大震災を上回る1万2000棟となる

5月1日（震災16日目）：蓄積する疲れ、思考力の低下

　お天気でした。夕方になるとジェット機が2機、飛行機雲を描きながら上空を過ぎ去っていきました。機体の特定は目が悪いのでできませんでした。

　今日は日曜日。もしお店が開いていたら大忙しで、私が一人で子守をするはずですが、営業するめどが立たないので、朝一番にセメントと砂と水を混ぜてモルタルを作り、修繕した水道管の埋め戻しを実行しまし

た。左官仕事も初めてなので、仕上がりが少し周りより低いですが、気になったらレベルを合わせます。とりあえず子どもたちのために補修跡を何らかの形で記録に残しておこうと思います。祖父の代からの配管なので、まだ家の配管の全体像が把握できていません。

埋め戻した水道の修理箇所（筆者撮影）

　それが終わってから、お店の4月分の給与計算を済ませました。買い置きしていた未開封の給料袋の束を見ると、なんだかとても寂しい気分になってしまいました。気乗りしないまま計算作業をしていると、小学校の同級生のT君が家族で会いに来てくれました。彼は今三重県にいて、今回の地震のため会社が特別休暇をくれたので帰郷したそうです。さすがサンディスク！　昨日はボランティアで働いてきたそうですが、専門性を生かすというよりも荷物運びで終わったと言っていたので、ボランティアセンターに属しない地域貢献もありだなあと思いました。私の場合は住んでいる地域ニーズに合った支援ができたらいいなと思います。T君との話は尽きなかったけれど、お子さんが退屈している様子だったので、しばらく話したあとお互いの今後の無事を祈って別れました。
　市ノ川駅には、家で過ごしづらいのか、独居の方がずっとベンチに座っ

ておいでで、まだ開設している避難所を勧めようかと悩みました。近い
うちにご本人の意向を伺おうと思います。

　午後は明日のバイク車検の準備をしたかったのですが、父も孫子守で
疲れているようでしたので、私が見ていました（ちなみに、これを書い
ている今も余震でゆれています）。

　長男がYouTubeでおもちゃの紹介番組ばっかり見るので、次男は「ピ
タゴラスイッチ」が見られず、今日は次男だけだったせいか本棚からピ
タゴラの本を持ってきてせがみましたので、2人でピタゴラのDVDブッ
クの映像を見て過ごしました。

　DVDを見ながら、次男のうんちしたおむつを替えたり、爪を切った
り、親子の時間が流れていきます。

　夕方になっても誰も帰ってこず、日が落ちてからようやく、一人、ま
た一人と集まってきました。

　やっとバイクに試乗できました。ところどころアスファルトが割れ、
砂利道に変わった道路を走りながら、また阿蘇をバイクで走ることがで
きた喜びをかみしめました。ある方に災害など何らかの事情でバイクを
手放した方は、再び乗る機会を失いがちであると伺ったので、私のF8君
は大事にしていこうと思っています。少しオイルが多めでしたが、各部
の増し締めをして、オイル汚れを清掃して、タイヤの空気圧を調整し、
バッテリーの充電器に接続し、明日に備えました。

　夜はみんなで夕食。睡眠不足で頭が回らなかった頃に比べ、少し考え
がスッキリしてきました。やはりどんな状況でも脳を休めるのに睡眠に
勝るものはなさそうです。ただ気がはっていて身体の疲れを感じなかっ
たのですが、普段行わない仕事をたくさんしているので、あちこち傷だ
らけです。いつもよりペースを落として、一日にできる仕事を1つか2つ
に減らそうと思いました。

　消防車の軍団やDMATの方は任務を終え撤収していきましたが、自衛
隊の方はお風呂など生活支援をがんばっています。また国土交通省の衛

星通信車や、TEC-FORCEなど地方整備局の姿をよく見かけます。リエゾン（連絡、仲介）として、行政の支援を行っているのでしょうか？

　今回の地震の経験をもとに局地的大災害への対応をマニュアル化して自治体に支援物資が滞ってしまうことへの解決策を策定してほしいです。物流のプロが入ればいいんでしょうけど。あとは4月に部署異動した直後の地震だったため、行政職の方は不慣れな部門で動きづらかったとも伺いました。

　今日もお疲れさまでした。明日も穏やかに過ごせますように。

応援に来ていたDMAT（筆者撮影）

地方整備局の通信車（筆者撮影）

・益城町と西原村で罹災証明書の発行が始まる

5月2日（震災17日目）：こんな時期でもユーザー車検

　今日は子どもたちを保育園で預かってもらえたので、退職後の保険の手続きなどをするために阿蘇市役所経由で熊本市内へ行きました。昨日の夜の点検でバイクのエンジンオイルが気持ち多かったので、少しだけエキストラクターで抜きました。砂利道の混じる阿蘇市内の道路では、見えないくぼみにホイールのリムをぶつけてしまい、焦りながらも、まずは陸運支局を目指します。二重の峠は普段のGWのときよりも混んでいて、なかなかスムーズに走れません。でもこういうときこそ安全第一なので、ゆっくり走ります。

　陸運支局に着いたのはもう11時。急いで書類を購買部で買って、印紙を貼って、ユーザー車検開始です。バイクのユーザー車検は何回も経験しているのですが、今回持ち込んだバイクでは初めての経験なので少し緊張します。書類を記入して窓口でチェックしてもらっていると、もう11時30分。あわてて検査場のラインに並びます。前の人のやっている様

子を見ようと思っていたら、誰もいません。仕方ないので検査官の方にこのバイクをユーザー車検するのは初めてだということを伝えると、マンツーマンで付き添ってくれました！

ラインに並んで、外観検査して、排ガス測って、ブレーキテスト、スピードメータテスト。最後はいつも不安な光軸です。普段はテスター屋で測ってから来るのですが、今回は経費の削減でまずは一発勝負です。最近登録されたバイクだとハイではなくロービームで測ることもあるみたいだけど、今日はどっちだったのかな？ アイドリングを少しだけ高くしたらすんなり通りました。地震でガレージの中で思いっきり転倒していましたが、光軸もずれてなかったようです。おかげで今回も無事通りました。でも写真を撮るのを忘れました。熊本市内はバイクの外気温計だと30.5℃でした。暑さで頭が回りません。同じ時間帯に男の子二人組が直列4気筒1台を何度も再検査していましたが、光軸で不合格のようです。感心したのが、検査官の方がすごく親身になって、アドバイスを根気よくされています。検査官の方にはこんないい人もいるのだと感心してしまいました。バイク好きなんだろうな。

帰り道、お世話になっている尾ノ上のバイク屋さんの計らいで、被災した私のために特別価格でバイクのコンピューター情報の更新をしてくれました。Mさんありがとうございました！

それから協会けんぽ熊本支部へ行き、任意継続の手続きへ。すぐに手続きが終わるかと思ったのですが、うちのお店を退職された社員さんの分の資料をもらい、役員である家族の健康保険の相談をしていたらけっこうな時間になってしまいました。親身になって相談に乗ってくださった担当の方には感謝の言葉しかありません。ご家族が被災されたとのことでした。

最近出会う方はみんな、他人を勇気づけ、日常の仕事を淡々とこなしながら、被災したことを嘆くことなくがんばっています。見習わなくちゃ。

それが終わってやっと私の昼食の時間。熊本県民なら豚骨でしょ？

とお思いの方が大勢いらっしゃると思いますが、私は子どもの頃あまりラーメンを外で食べる機会がなく、袋麺の「うまかっちゃん」か「チキンラーメン」ばっかりでした。ラーメンを好きになったのはラーメン激戦区京都で過ごした学生時代です。いろんなおいしいラーメンを食べましたが、「天下一品」だけはなんか別枠でした。熊本でも食べられる天一はどろっとしたスープで化学調味料がどっかり入っていそうな不思議な感じです。京都にいる頃、友だちと夜中に北白川の本店に食べに行ったりするうちに身体に染みついちゃったようです。ダメだとは思いつつも今日もスープ飲んじゃいました。

　それからまた阿蘇を目指して、大津町を経由してミルクロードをひた走ります。

　熊本行きの車線はすごい車の行列で、車だと到着時刻が読めないほど渋滞していました。

　なんとか阿蘇に戻ってきて、次は年金の手続きです。阿蘇市役所に行って厚生年金を国民年金に切り替えて、災害時の特例として納付の免除を申請しようと思っていたのですが、今度は雇用保険で利用する離職票のコピーが足りず、今日は切り替えのみとなりました。

　家までの帰りは地震後初めてのミルクロードを大観望から二重の峠まで走ってみました。

　ほんの数カ所で路肩が崩れていましたが、地震前に側溝の配管の入れ替えたような舗装あとがあるぐらいで、道はとても走りやすかったです。気温が熊本市内に比べると10℃ぐらい違っていて、走っていると天然のクーラーというより冷蔵庫って感じでした。

かつては見晴らしのよかったかぶと岩展望所も地割れで立ち入り禁止に（筆者撮影）

ただ写真にもありますように、かぶと岩展望所にあった休憩所も地震でつぶれており、外輪山の砂利駐車場は立ち入り禁止、ラピュタの道も立ち入り禁止で、がけに近いところはすべて危ないようでした。バイクの方も少しすれ違いますが、ピースサインを今日は一度も交わすことなく一日が終わりました。

それではまた。よい休日になりますように。

・九州６県のホテル旅館の宿泊キャンセルが約53万泊と観光業に深刻な影響

5月3日（震災18日目）：士業によるドリームチームのガイド

昨日とはうってかわってすごい雨です。中岳ショコラが有名な「菓心なかむら」の仁美さん経由でいただいた支援物資の中身を妻と確認しました。それから配る先を相談できればよかったのですが、本日は知人の紹介で木造建築の構造計算ができる設計士の方や不動産鑑定士、中小企業診断士など、多士業グループの方々を阿蘇市の地震被害がひどい場所へお連れするために、雨の中を出かけました。

まずは私の家族が経営する店舗と自宅住居。

　今までの建築士さんとは見立てが違い、家族には朗報でした。（※詳しい話は後編を参照）それから枦地区の集落を通り、倒壊した牛舎の横を抜けてから、狩尾の道路が陥没した現場へ。車を止め破断したコンクリート製の側溝や粘土層まで見えた断層の断面を見ました。付近の住宅や農道の地割れを横目に、県道を通り外輪山の麓を尾ヶ石地区へ走ります。倒壊した建物を片付けていらっしゃる方々の迷惑にならないように、車の中から集落の様子を見て、下田代地区より永草へ抜けます。

　その後農面道路を通り避難所となっている阿蘇西小学校の横を抜けます。田畑には地割れがあちこちに入り、今年は稲作ができないという声を田んぼの持ち主から聞いた場所です。送電線を支えていた鉄塔も斜めになっており、新しい鉄塔が何本も建てられ、現在の電力共有を担っています。

　地割れした道路を走り、被害のひどかった車帰地区へ。親戚や友人、元スタッフの家の前を通りながら、集落を抜けます。小学校の同級生の家も全壊だったようです。

　それからまた外輪山の麓の道を通り、的石経由で跡ヶ瀬地区へ。もう撤去済みの家屋もありました。九州北部水害の被害にあってかさ上げ工事中だった住宅もそのまま放置されています。

　枦地区に戻り、工務店で働いていた親戚の家を訪ね、プロ同士でしばし住居談義をしていただき、私がいつも水をいただいていた親戚の家に行ってはどうかとの提案が出ましたので、そちらへ移動し、床板を剥がして、中の基礎に地割れが入っているかを確認しました。

　とても密度の濃い時間を共有させていただきました。今回の調査が今後の耐震技術の向上や自然災害ガイドラインの改定につながれば素晴らしいと思い、家族も今日の外出を許可してくれました。みんながそれぞれの場所でベストを尽くし、復興に向けて頑張れたらいいですね。今日は次男をおんぶして書いていたので、ここまで。

皆さんお疲れさまでした。おやすみなさい。

・**環境省が半壊家屋解体も補助へ**

・**全国清掃事業連がゴミ回収に200人**

5月4日（震災19日目）：我が家に届いた支援物資

　昨日は構造設計が専門の一級建築士、土地家屋調査士、不動産鑑定士、防災士、弁護士などそうそうたるメンバーの道案内をしたのですが、時間雨量40ミリで風も強く夕方になると寒かったので、今日は家で過ごす時間が多かったです。

　外は昨日に引き続き風が強く、庭で子どもと遊んでいると砂埃が目に入って痛くなったのか、次男が「めめー」と泣くので、外遊びを中止して家の中で過ごしました。

　長男はストレスが溜まったのでしょうか、少し乱暴で、ストレスを解消してあげたかったのですが、うまくできませんでした。午前の余った時間を使って同じ集落の気になっているお宅を3軒訪問しました。

　1軒目は車がなかったので今日はスルーしました。2軒目は電設屋さんを経営していた方で、太陽光発電を導入されていたのですが、蓄電装置は導入せず売電のみだったので、今回は切り替えるのが面倒で自宅での電気の消費はしなかったそうです。ご家族3人いらっしゃったのですが、足を手術していた息子さんの様子をお伺いし、今は不足しているものはないと伺ったので3軒目の方に物資をお渡ししました。

　3軒目はうちの本家にあたる家で、納屋と倉が倒壊しつつあり、既に解体を依頼されていました。倒壊しつつあるので、自衛隊の方が雨漏り対策でブルーシートを屋根に貼ろうと試みたのですが、危険すぎて中止したとのこと。ボランティアの方は倒壊の恐れがある建物には近づけないので、中のものを運び出すのが大変だったようです。

午後には東京から来た弟の友人が我が家を訪問してくれたので、しばらく今回の件について3人で話をしましたが、父の体調も悪く、母も昔の写真整理でノスタルジックな気分になったのか、夕飯の支度をするものがいなかったため、退席して子守をしていました。

　夕方になると森弁護士から電話があったので、ボランティアセンターの閉鎖についてなどつい話し込んでしまいました。貴重な時間をすみません。

　それから夕食後には一悶着あり、長男が我が家の避難所で頂戴した物資を漁り始め、それに次男も続き、お菓子を開けて食べ始めたので、えらい騒ぎになりました。子どもたちにはいいストレス解消になったでしょう。

お菓子を漁る子どもたち（筆者撮影）

　夜はメッセージをいただいていた方々にお返事をやっと書くことができました。

　今日の地元新聞では一面は俵山トンネルのことでしたが、今後日にち

が経つにつれ全国ニュースで阿蘇の地震のことが取り上げられる機会も減っていくでしょう。今回は水害のときに比べて被害が甚大で長期化する予測があります。地域住民主体の持続的な復興のための取り組みが少しずつ始まっています。私もできる限りがんばりますので、よろしくお願いいたします。今日も一日お疲れさまでした。おやすみなさい。

うちの子どもたちは長靴と自転車が大好き。それと動物にエサをあげることが癒しにつながっています。（筆者撮影）

||||||||||||||||||||||||||||||||||||||||||||||||||||||||||||||||||||||||||||||||||||
Adobeのクリエイティブクラウドを利用されている熊本地震被災者の方へ
私は学生教職員で月額支払プランを利用している者です。
解約しようと思い、Adobeに問い合わせましたら、契約状況から判断され、3ヶ月の無償期間をアカウントに付与していただきました。
少しでも支出を減らしたい方は、一度Adobeに問い合わせてみてはいかかでしょうか？
||||||||||||||||||||||||||||||||||||||||||||||||||||||||||||||||||||||||||||||||||||

・液状化により被害のひどかった熊本市動植物園の復旧に「1年以上」という見込み

・熊本市子ども6万人のストレス調査へ

5月5日 （震災20日目）：ささやかな家族サービス

　今日の余震はひどかったです。震度4が続けざまに2回、夜もきました。1回の地震なら耐えられる建物も一連の1000回を超える余震がどのように建物や地盤に影響するのか、誰も経験したことのないことをライブで感じている。ある意味貴重な体験かもしれません。

　でもさすがに震度4ぐらいが来ると、恐怖というよりも、もう嫌だという気持ちが勝ってしまいます。

　今日はこどもの日。菖蒲を軒につるす心の余裕もなく、せめて子どもたちと遊ぼうということになり家族4人で近くの公園に行くも、次男と私は車でダウン。1時間も遊ばないうちに長男は他の子どもと遊び場をめぐってトラブルになりそうだったので、場所を移動しました。

　阿蘇谷で遊べるところもなかなか思いつかず、Facebookで見た「果実の国カップルズ」のいちご園に行きました。遅い時間のためか熟れたいちごは少なかったのですが、子どもたちは人生2回目ぐらいのいちご狩りに大興奮です。触ったら摘まないといけないというお約束を忘れて、ついつい赤くなり始めたばかりのいちごにタッチするので、大人はまだ熟していないいちごを食べるはめに……。時期が終わりなのか、復興支援のためか、ここはなんと　人1ボール摘んだ分は無料で食べることが可能で、持ち帰ることもできました。そこで1皿分をシェアして、残りをお持ち帰りに。いちごが大好物の長男はご機嫌です。板張りの座敷に座ってみんなでいちごを食べて、子どもはいちごソフトを、大人はアップルパイを食べました。長男はそのせいで便がゆるくなったのですが、久しぶりに食べるソフトクリームに大好物のいちごがたっぷりミキシングして入っているので、とても満足したのか帰りの車で寝ちゃいました。

いちご狩りに行ったときの子どもたち（筆者撮影）

　長男は最近体重を乗せたキックやパンチを繰り出すので、打たれたところが青あざになり、こっちは大変です。夜寝る前に子どもに聞いたら今日楽しかったのは「いちご狩り」と家に帰ってからした「戦いごっこ」だそうです。今日の最初はスターニンジャー対ダイダラボッチだったのですが、次はお相撲、そして草食恐竜の戦い、腕相撲とスキンシップにつながる遊びをたくさんしました。やっぱり長男は力を出し切れる遊びが足りなかったみたいです。
　明日から少しずつ子どもたちのペースに合わせられたらと思います。
　皆さんお疲れさまでした。おやすみなさい。

自衛隊について感じたこと

こんなことを書いていいのか分からないけれど、自衛隊のお風呂を利用したときに、明らかにいじられている自衛隊員の方をお見かけしました。その方は一生懸命作業に従事しているのだけど、先輩から難癖つけられている感じがダイレクトに伝わってきて、私はいたたまれず身体を温める暇もなくお風呂から出てしまいました。
その話を家族としたら同じお風呂を利用した弟も感じていたらしく、日常的にあの隊員の方はしごかれているか、いじめられていると思うと悲しくなりました。
自衛隊も普通の人の集まりであり、すべての隊員が品行方正というわけではないでしょう。中にはいじられキャラもいるのかもしれません。ですが、私は以前、自衛隊の官舎で自死された

隊員のご遺族に依頼されて、遺品のパソコンからいじめの痕跡がサルベージできないかトライしたことがあるので、他の人よりも自衛隊の話題に神経質です。

周りの目があるので隊員の皆さんも息が抜けず、相当なストレスがかかっていると思うので、自衛隊員自らの気分転換も大事なのではないかと思います。やっぱり終わりが見えない仕事というものは通常よりも負荷がかかるし、自衛隊員も同じ普通の人なので、非番のときはゆっくり休んでほしいと思いました。こういうときこそ、いじめとか見たくないですね。

||||||||||||||||||||||||||||||||||||||||||||||||||||||||||||||||||||||||||||||||||||||||||||||||||||||||||||

・くまモンが活動再開

5月6日 （震災21日目）：失業者になる

　朝からハローワークで初回説明会に参加。でも当日になって写真を撮り忘れていたことに気づき、あわてて馴染みの写真館へ。幸い機械が動いていたので、証明写真を撮ってもらいました。実はここの写真館の主は少し前に病気でお亡くなりになったばかりで、奥様がお店を引き継いで、ご主人の仕事だった撮影も始められたのです。

　ご主人が生前配置しておいたストロボ2灯、バックライト、手作りのレフ板をセットして、使い込まれたEOS-1Dでシャッターを切ります。まだ慣れない作業に緊張していたせいか、カメラのAC電源とストロボのシンクロコードを間違えそうになりながらも、撮影無事終了。しばらく待つときちんとした色味の証明写真の出来上がりです。4枚で1500円です。撮り直しもしてくれるので、証明写真が必要な方は内牧の山本写真館へどうぞ！

　写真が出来上がったので、急いでハローワークへ行きます。既に何名もの方が雇用保険の窓口前に集まっています。名前を呼ばれ、前回不足した書類を渡して確認してもらいます。

　その後2階の説明会会場へ、15分ほど概要の説明があり、その後ビデオ視聴40分、休憩10分、そして最後の説明と長丁場です。大変申し訳なかったのですが、その日は他の用事と重なってしまい、事情を話して退

出させていただきました。

　それから雨で視界の悪い峠道をひた走ります。天気がよかったらバイクで出かけるはずだったのですが、今日はあいにくの雨。それでも我が家のスバルくん（平成18年生まれ）は荒れた路面もうまく乗り越え、スリップしやすい砂の浮いたカーブも難なく曲がっていきます。車もバイクも運転が楽しいです。

　病院は地震のあとで激混みでした。しかも私が行った病院は空港の側から送水しているらしく、熊本市でも最後の最後まで水が来なかったそうです。

　ドクターにDIY生活の様子について写真を交えて話すと、興味深そうに話を聞いてくれました。ただし困ったのがこの日はまだ協会けんぽの任意継続手続きが完了していないので、自費での支払いが15,000円ほどかかってしまい、現金が足りるかどうか焦りました。

　人でごった返す病院で気になったのは、隣のソファでぐったりしている患者さんのこと。

　気の強そうな看護師さんがその患者さんをせき立てて、薬局へ連れて行っちゃいました。多分、病院内で意識が混濁しちゃったら病院としては面倒なのだろうなと思いつつ、患者なのだから看てあげたらいいのにと複雑な思いでした。薬局に行くとそこでも同じ方がぐったりされています。きっと地震の影響もあってしんどいのだろうなと思うのですが、私も医療従事者ではないので、もどかしい思いでいっぱいになりました。

　医療の地域連携が重要視されていますが、それは普段の余裕があるときのこと。緊急時には外見からは分かりづらい精神疾患や発達障がい者へのフォローやサポートは後手に回っています。こんなときこそ自助共助ができるようにもっと専門的なスキルを磨いておきたいと思いました。それにしても医療ソーシャルワーカーが機能できていないのは残念です。

　今回の地震ではいろんなことを考えさせられます。

- 熊本市城東小の避難所で集団食中毒

- トヨタ関連の県内の全工場が操業再開

5月7日 （震災22日目）：落ち着かないので働く

　お天気が悪くなる前に裏の水路の土手の草刈りをしました。そして庭の芝生を刈りました。家の中にずっといるより、体を動かしたほうが良さそうです。

　2サイクルエンジンの少し甘い香りは、昔乗っていたベスパを思い出します。

愛用の草刈り機。こちらでは刈払機と呼んでいます。（筆者撮影）

修復中の熊本城の石垣（2016年9月、筆者撮影）

- 熊本城の櫓や長塀5ヵ所など破害全容判明
- 全国的に有名なシェフによる益城町での炊き出しが終わる

5月8日（震災23日目）：変わる風景

　雨の日曜日。外で遊べない子どもたちはエネルギーをもてあましていたので、今日は封印していた戦いごっこを再開しました。やわらかい素材の剣が人数分なかったため、子どもたちは硬い「ニンニンジャーの忍者一番刀」で私を攻撃します。手加減を少しだけしてくれる長男と、全力で戦ってくる次男にずっとタジタジでした。

　夕方ご近所さんを訪ねると、厩（うまや）が重機で片付けられており、風景が変わっていました。ご近所さん曰く、風を遮るものがなくなって先日の大風の日は怖かったこと、昔から慣れ親しんだ厩がなくなるのは、同時に思い出もなくなるようで寂しくてたまらないとおっしゃっていました。

厩を解体してできた空き地（筆者撮影）

　私も共感できるのですが、阿蘇地方では牛馬を飼っている家がとても多く、牛馬のための小屋が各家庭にありました。その小屋の多くは2階建てになっていて、2階に稲わらを収納するなど様々な使い方がなされていました。

　今でも2階を改装して住居にしていたり、1階を改装して米などの貯蔵庫にしていたり、知らない人が見れば価値の低い小屋に見えるかもしれませんが、それぞれ思い出の詰まっている建物なのです。今回の地震ではたくさんの牛小屋や馬小屋がつぶれています。寂しいけれど思い出を写真で記録し、言葉に託して子どもたちに伝えていこうと思います。

・熊本市が拠点避難所21ヵ所を設置し、避難者が拠点へ引っ越し開始

5月9日（震災24日目）：失業した方へ行政サービスを説明

　現時点で地震により会社都合の解雇などで失業している人向けの情報をまとめてみました（ここに書いた情報の利用は自己責任でお願いいたします）。

健康保険（協会けんぽ）

1. 協会けんぽの任意継続の手続きを行う（これが費用的には安いはずです）

　離職日から20日以内に手続きという制限が特例でなくなりました！

　ただし最長2年間しか利用できず、傷病手当出産手当はもらえないようです。

　・問い合わせ先：協会けんぽ熊本支部 096-340-0262

　　※手続きは郵送でできます。

2. 家族の健康保険の被扶養者になる

　収入が130万円未満（60才以上の場合180万）かつ、扶養する人の収入の半分以下でないと入れません。

　・問い合わせ先：扶養者の加入している会社・健康保険組合

3. 自分で保険料を支払って国民健康保険に加入する

　保険料は前年の収入で決まりますので、失業した年は決して安くないことが多いです。

　・問い合わせ先：阿蘇市役所・ほけん課 TEL 0967-22-3145

厚生年金（年金）

1. 誰かの扶養に入る場合

　あなたが夫または妻の健康保険上の被扶養者（第3号被保険者）になる場合は、配偶者の勤務する会社で第3号被保険者の手続きをしてください。

2. 国民年金に切り替える場合

自分で市町村役場に行って国民年金に加入する手続きをしてください。
阿蘇市役所の場合、窓口は「ほけん課」になります。

・問い合わせ先：阿蘇市役所・ほけん課 TEL 0967-22-3145

※月々の年金の支払いが難しい場合は、支払いを先延ばしにする「若年者納付猶予」や「免除」といった手続きができますので、最寄りの役所に相談してください。待ってもらった分を10年以内に支払えば、受け取る年金の額は変わりません。免除した分の年金を払わないと将来受け取る額は減ります。

※会社の発行する離職証明書が必要な場合は、離職前の会社にご相談ください。

雇用保険（失業保険）

離職票を受け取ったら、なるべく早く最寄りのハローワークに行ってください。そのときに失業保険をもらったことのない人は預金通帳・身分を証明できる免許証・マイナンバーが分かる書類は必ず忘れないようにしてください。

・**持参するものリスト**
 - 離職票
 - 本人確認、住所及び年齢を確認できる官公署の発行した写真つきのもの（運転免許証、写真付き住民基本台帳カードなど）
 - 写真（たて3cm×よこ2.5cmの正面上半身のもの）2枚
 - 印鑑
 - 本人名義の普通預金通帳（郵便局も含む）
 - マイナンバーカードもしくはマイナンバー通知

ハローワークに行った際に、初回説明会の日時を指定されるので、その日は必ず出席してください。失業保険の詳しい説明があります（2時間半ぐらいかかります）。

その後は28日ごとに認定日があるので、忘れないように出席してください。どうしても行けない場合は事前にハローワークに相談してくだ

さい。そうしないと失業保険が受給できないことがあります。

若い方は職業訓練を受けると失業保険の受給期間が延長される場合もありますので、ご検討ください。その他の再就職でもらえる手当などについても説明会で話がありますので、分からない点は担当者にご質問ください。

・問い合わせ先：ハローワーク阿蘇 0967-22-8609

住民税

住民税は前年の所得を元に市町村が計算して、給料から天引きしています。ただし住民税は6月から翌年5月を1年間として考えるので、4月に退職された場合は5月以降の分をご自身で納付していただかなくてはなりません。

本来ならば一括徴収を会社ですればよいのですが、会社によっては離職の際に一括徴収をしていません。納付書が家に届いたらご自身でご確認ください。

・問い合わせ先：阿蘇市税務課 0967-22-3148

・益城町、南阿蘇村など62小中学校再開

・JR九州が阿蘇地域で代替・臨時バス運行開始

5月10日（震災25日目）：怪しい求人

大雨警報で北外輪山の麓に住んでいる方へ避難勧告が発令されました。幸い保育園が昨日から再開したので、子どもたちは元気に登園しました。

そして私は職探し。妻は友人のNPOに事務仕事のボランティアへ出かけます。私は人生3回目のハローワークの雇用保険の手続きです。でも前の職場の給料が安かったので、基本手当が最低額。10日で2万円ほどでした。多分、早く就職したほうが再就職手当もあり、経済的にもいい

と思うので、ハローワークの求人を検索してみました。

　阿蘇では社会福祉系の専門職がなく介護職ばかりでした。また福祉よりも経験の長いパソコンを使った編集・デザイン系は予想通り0件です。

　阿蘇は観光と農業それに医療福祉系の仕事が多く、その他の仕事は極めて少ない地域です。自分が東京で求人情報の仕事に携わっていた2000年頃からそれは変わらないと思います。

　そしてハローワークだからといって安心して求人に応募できるわけではありません。ブラック企業もハローワークの求人情報に潜んでいるのです。

　今日見つけたブラック案件は、在宅勤務可能の株式会社Kでした。鹿児島本社でウェブサイトイベントの企画運営が職種となっており、在宅勤務を熱烈にアピールしています。

しかも打ち合わせは担当者が現地に行くという親切ぶり。でも仕事の内容はこんな感じでした。

・自社サービス（WEBサービスと食フェスが連動した新規事業に関連するイベント企画運営業務）
・エクセル、ワード、パワポの操作（簡単な資料作成）
・在宅勤務にて、指示に従ってお仕事をして頂きます。直接、メール電話にて指示内容をお伝えさせて頂きます。担当者と現地での打合せ等もあります。報告は毎日して頂きます。

　基本給は13万から17万。学歴経験・年齢不問です。思わず条件が良いので応募しそうになります。でも会社設立が平成26年と新しく、会社の事業内容はウェブサービスと食フェスが連動した新事業「F」の企画。会社の特徴は「関東事業所との連携により、地方にない新しいサービスの発信と、クオリティの差別化を行うマーケティング会社です。SEOに特化したWEBマーケティングや地域活性を含む街コンが得意です」（※

事業名は仮名）とSEOに特化しているという割には自社のPR文章が支離滅裂です。ブラックだなあと思ったのは雇用形態が雇用期間の定めあり（3ヶ月）、条件により契約更新の可能性ありとしてあるのですが、試用期間も3ヶ月と書いてあるので、3ヶ月経ったらどうするのでしょうか？

　備考欄に「安定所からのお願い」と特別に明記してあって、採用時には必ず雇用契約書などを交わしてくださいとご丁寧に書いてあったのです。初めてそんな注意書きを見ました。サイトを見に行ったらリンク切れもあるし、ウインドウサイズもレスポンシブに対応していないので、コンテンツが全部は見られません。こんな会社にはやはり間違っても入りたくないです。（後日イベント会場で急病人が続出して救急搬送され、全国ニュースになる問題を起こし有名になりました）がんばって再就職して生活を立て直したいと思います。それではおやすみなさい。よい眠りを。

電気を使わない遊び③

昨日はネガティブな投稿をしてしまい、すみません。今朝も雨が降っていて、子どもたちは体力を持てあましています。そこで最近はじめたのが「紙相撲」です。

最初は本の付録の力士（仮面ライダー、ウルトラマン、戦隊ヒーロー）を使って、付録の土俵でやっていたのですが、どうも強度が足りないので、家にある空き箱を土俵に見立てました。そしたらすごく夢中になって、昨日は風呂に入る前も入ってからも、どうやったら倒れるかをひたすら研究していました。風呂上がりには服も着ないでやっていたので、笑えました。写真を撮ったらファイティングポーズして威嚇されました。

紙相撲で遊ぶ子ども（筆者撮影）

━━━━━━━━━━━━━━━━━━━━━━━━━━━━━━━━━━━━━

　子どもたちは震災で心の傷がという報道が多いですが、マスコミの喜びそうな情報は母集団をどこに設定するのか、設問の内容をどうするのかなど統計学の知識があれば簡単に作れるので、だまされないように、自分の目と耳で確かめてください。意外と子どものほうがタフかもしれません。大人は我慢するので急に具合が悪くなりがちです。

・熊本市の77小中学校と公立高校17校が再開
・大規模災害復興法を初適用、「非常災害に指定」

5月11日（震災26日目）：カメラマンのオファーが来る

　子どもと紙相撲のやりすぎで腕が痛いです。

今日の写真はあまりにもキレイな熊本市方面の景色(筆者撮影)

それとは対照的な阿蘇山の星空(三脚ないのでイマイチ)(筆者撮影)

今日で終わる阿蘇西小の自衛隊風呂（筆者撮影）

フジノンレンズが付いている業務用ビデオカメラ（筆者撮影）

　今日は嬉しいことがちょっとだけありました。一つは就活をしていて、Apple Japanの書類選考を通過したこと。次は面接です。被災地にいな

がら在宅で働けるのはITのチカラですよね。受かるといいなあ。

　もう一つは地震の前からお話があったのですが、熊本のあるテレビ局の報道カメラマンにならないかというお話です。

　どちらも面白いと思える仕事ですが、自分以外の人からしたら、Appleの仕事は「お客様の困り事に共感しすぎて仕事にならないのでは？」とか、ビデオカメラマンは「アスペルガーのせいで気分にむらがあるから向かないのでは？」と言われ続けております。

　でもあんまり悩んでも仕方ないので、私のことを拾ってくれそうな会社があれば一度その門を叩いてみようと思います。被災していてもがんばります。

・西原村の小中3校が再開し、県内の全小中学校の休校が解消

5月12日（震災27日目）：とうとう風邪をひく

　朝からしんどくて、喉が痛くて目が覚めました。いつかは風邪をひくだろうなぁと思っていましたが、昨日の少し嬉しい話題に気が緩んだのか、扁桃腺炎でリンパ節も腫れているみたいです。体のふしぶしが痛くて熱がちょっとずつ上がっていました。感覚過敏なので痛みにすごく弱いです。

　それでもハローワーク経由の求人にも応募しますので、履歴書と職務経歴書を書いて過ごしました。思えば就職氷河期で新卒では全敗し、その後も一か所に長く務めることができませんでした。

　アスペルガー症候群の特性が分かるまで、若い頃は友人や恋人にもえらい苦労をかけたし、今も家族や周りを混乱させてばっかりです。履歴書の欄がそのうち足りなくなるかもしれません。昨日のビデオインタビューの日程の案内がさっき来ました。詳しくは書けませんが、来週だそうです。とりあえずそれまでに風邪を治して、家族に負担をかけないように、

92　　熊本地震日記　前編　SNSの記録

今はゆっくり治すことだけ考えようと思います。

　皆さまも一日お疲れさまでした。おやすみなさい。

5月13日（震災28日目）：全額自費治療の恐怖から脱出

　離職してから昨日まで全額自己負担だったから、とても心細かったのですが、今日はやっと保険証が届きました！　それでも体調が悪いのでなかなか出発できず、病院に間に合わないなあと思いながら、車で出かけました。家から赤水まではスムーズだったのに、二重の峠の上のほうで渋滞。原因はトラックが車線をふさいで停まっていたことでした。

　ガス欠なのか整備不良なのか分からず、自分が積んでいるけん引ロープも普通乗用車用なので、事態をさらに悪化させるのは避けて、お声かけはしませんでした。それからはゆっくりとしたスピードながらも大津町へ。協会けんぽの保険料の引き落としをする銀行へ行こうと思っていたのですが、峠の渋滞で間に合いませんでした。

　いつもとは状況が違うので、余裕を持って行動しないと到着時間が全く読めません。仕方ないので、気持ちを切り替えてかかりつけの耳鼻科へ行き診察を受けると扁桃腺の風邪ではなく上咽頭炎でした。抗生剤だけ出してもらって、すぐ飲みました。

　それからかかりつけの病院へ。最近、昼に仕事がないので、薬の調整を自分でしていたのですが、片頭痛の薬を減らし、抗うつ剤を震災が起きてから増量していたのですが、結局増量分を飲まなかったので、震災前の量に戻しました。

　病院が終わり少し用事を済ませてから帰路に就いたのですが、逆にそれがあだとなりました。大津町からミルクロードに入ったら全く車が動きません。大渋滞しています。なんでこんなにと思ったら、カーナビから人身事故のため片側交互通行になっていますとのお知らせが……。国道57号が使えず、阿蘇市への最短の迂回路はこのルートのみです。往路

に加えて復路も渋滞。さすが地震が起きても週末の夜です。とても遅い車の流れにくじけそうになりながら、事故現場を通過すると白いクーペがフロント部分を損傷しています。

今日の新聞でトラック協会さんなどが整備不良による車両故障で渋滞をなくそうと呼びかけていたと思うのですが、一般の方も注意喚起したほうが良さそうですね。

　せめて車両の整備不良で渋滞を引き起こすのは避けたいです。あとドライビングテクニックを過信しすぎないで、災害時は節度ある運転をしたいですね。特に事故率高い車種に乗っている人は保険料をこれ以上上げないためにもモラル向上を！　それかスバルのアイサイトに変えましょう（アイサイト ver.3.0 では衝突事故が6割以上減ったという結果が出ています）。

　これから夏になるとオーバーヒート。冬には路面凍結でますます故障や事故での渋滞が増えると思います。災害時の空き巣への厳罰化が叫ばれていますが、ついでに災害時の暴走事故や整備不良もなんとかしてほしいです。

　とりあえず他人にあげられる予備のガソリン・ブースターケーブル・パンク修理キット・けん引ロープを積んで走っています。使わないですみますように。アクセルOFF、スマイルONで運転します（特定の箇所で自動車事故が頻発するのですが、先が見えないブラインドカーブの奥で渋滞しているのに気づかずに、突っ込んでしまう車両が多いようです）。

渋滞して数珠つなぎの迂回ルート（筆者撮影）

5月14日（震災29日目）：店のおばちゃんたちとのお別れ

　今日は離職票が届いたので、お店の従業員さんに集まっていただいて離職票の配布と今後の手続きについて説明を行いました。人によってはご家族の扶養に入ったり、協会けんぽの任意継続をしたりされるので、お店にいらした順番におひとりおひとりに時間を取ってお話しさせていただきました。本来ならば退職金をお渡ししたいと思う父の気持ちも痛いほどよく分かります。ですが震災でいつ営業再開できるか全く分からない状態ではそれも叶わず、せめてスタッフの雇用保険の受給期間が終わるまでに営業再開のめどをつけ、再びお雇いできるようにするのが残された経営者の使命です。

　「営業していますか？」という問い合わせ電話がたびたびかかってくるので、家族で手分けして留守番電話に再開に向けて努力していますというメッセージを吹き込み、張り紙を営業再開のため休業中と書き直し、従業員さんたちとお別れしました。

　なんだかとても切ない日でした。家に帰ると、子どもたちは今日も無邪気に笑って遊んでいます。

5月15日（震災30日目）：暖かくなると蛇が出る

　まだ上咽頭炎が治らず、抗生剤を飲んでいます。朝からしんどいのですが、昨日来られなかった従業員さんに離職票を渡しに市ノ川駅へ行きました。

　南阿蘇村立野地区に住んでいたこの方は、立ち退きを余儀なくされ、急遽大津町で家を探しているそうです。もともと空き物件の需要そのものが普段はあまりないので、こんな緊急時にはなかなかいい物件にめぐり会えないそうで、早く見つかることをお祈りするしかありませんでした。

　市ノ川駅では線路がさび付いており、JRの方とお話ししたら、レールを磨く車両が来ないと踏切が作動しないそうです。でも車両が通過できるようになるまでに半年から1年はかかるのではないかとおっしゃっていました。立野地区では線路に6トンぐらいの岩があり、発破をかけようにも周りで土砂崩れが起きたらダメだし、道路が復旧して作業用の重機が入れるようにならないと豊肥本線の線路修復は難しいとのことでした。JRの方も目が充血していてお疲れのご様子でした。

　代わりの代替バスは平日のみの運行で、主に学生さんや通勤の方を送迎するためのようです。バスは市ノ川駅のある「あそ路」の駐車場に入ってきます。

　それから家に戻ると、長男が時間を持てあましてお隣の瓦礫の片付けにお手伝い（半分邪魔）に行っていましたので、その場から連れ出すために私の祖父のものらしき、双眼鏡を彼に渡しました。そしたら探検ごっこのスタートです。まずは鳥を探しに行こうということになり、一緒に国道を渡り堤（つつみ）のほとりへ。危なっかしいので、子どもの頃よく遊びに行った山へつながる小道を歩きました。昔はここでよくアブラメ（アブラハヤ）を釣ったり、虫取りに来ていたのですが、誰も山に入らないので林の中の獣道は既になくなっていました。

　昔釣り堀だった場所が旅館になっているのですが、営業再開は厳しい

と聞いています。その周りに遊歩道のような山道があるので、子どもと一緒に鳥の鳴き声のするほうへ歩いて行きました。ウグイスの声が多いのですが、別な鳥の鳴き声も。トンボや蝶が飛び、野いちごが育っています。

探検中の息子（筆者撮影）

　しばらく歩くと不自然な木の枝が。銀色で、先端に丸くて黒い点があります。それはひなたぼっこをしている大きなアオダイショウでした。いつも図鑑やテレビの蛇の写真や動画を祖母に見せて怖がるのを楽しんでいた長男ですが、本物の大きな蛇の長さと太さにびっくりしたようです。刺激しないように帰ったのですが、追いかけてこないかをえらい心配していたので、蛇への認識が変わるでしょう。
　そして帰り道でも……。今度は立派なカラスヘビ。ただアオダイショウが黒い色になっただけらしいのですが、今度は動きが速かったので、十分身体が暖まっていたのでしょう。

行きも帰りも蛇ににらまれた探検でしたが、親子の時間を楽しむことができました。

今週は私が通っている学校のレポート提出の週なので、〆切に追われています。明日からまた月曜日。ぼちぼち行きましょう。おやすみなさい。

そうそう午前中にApple社のビデオ面接が終わりましたが、結果は散々でした。事前準備なしで臨んだら、やはりうまくは話せませんでした。しかも中長期のキャリア形成について質問されているのに、つい自分のやりたい福祉の活動の話に脱線してしまって。長く務める気がないと思われてしまいました。面接官が私服だったので、つい気が緩んでしまいました。あとは練習しておけば良かったです。とりあえずダメ元で県の臨時職員に応募しようと思います。しかし、相当凹みました。今後の課題として、面接で話す練習が必要です。

5月16日（震災31日目）：勉強が手につかない

どうしてもやることが多くて、おざなりになっていた社会福祉の今月の課題に着手しました。今月のテーマは「人体の機能」と「社会理論と社会システム」。社会システムのほうはジェンダーとか母性とか知っているようで知らなかったことがあり、すごくいい勉強になりました。あとは少し気分転換に外に出て、罹災証明を発行してもらいに市役所に行きました。

本震から1ヶ月。時が経つのは早いものですが、あちこちで地震の傷跡が生々しいです。

5月17日（震災32日目）：近所に落差2メートルの断層が

Apple社のビデオ面接の件は前回書きましたが、ダメっぽいです。かなり凹みましたので、レポートを書き終えたあとは、気分転換を兼ねて近所を自転車でふらつきました。

おそらく今回阿蘇市で一番大きな断層（筆者撮影）

　気になったのは阿蘇西小学校近くの断層。写真にありますように、落差が2メートルほどで、阿蘇市で見かけた中で一番激しいと思います。

通学路（1）（筆者撮影）

通学路（2）（筆者撮影）

　小学生の通学路はあちこちでモトクロスのジャンプ台のようになり、徒歩でも通行不能で、子どもたちは尾ヶ石東部小学校へ通学しているそうです。

断層により地割れした田んぼ（筆者撮影）

　この断層は私の同級生の家の田んぼでした。地割れがひどく、用水路

も破断しており、稲作ができるようになるまでどれぐらいかかるでしょうか。地割れから水が湧き出し、湖のようになっています。以前農業研修であぜの草切りをした場所の隣だけに、なんともいえません。

　Googleマップの航空写真で地割れを確認したところを見てみると、怪獣映画かと思われるほど大地が裂けています。

断層が露出した田んぼ（筆者撮影）

地割れした畑（筆者撮影）

送電線の鉄塔（筆者撮影）

　阿蘇西小学校の近辺はこのように地震の影響をかなり受けており、そのために送電線の鉄塔が各所でゆがみ、仮設の鉄塔が新しい送電線を支えています。この鉄塔を見るたびに雨の日も夜中もがんばってくださった電力会社や工事に携わった電設屋さんや土建屋さんのことを思い出します。

5月18日（震災33日目）：ホースセラピー教室を開く

おそるおそる馬にまたがる（筆者撮影）

　今日は「阿蘇うま牧場」のDANさんと一緒に活動を重ねてきたホースセラピー教室を地震後、初めて開催しました。

　阿蘇西地区のYMCA赤水保育園にお邪魔して、全園児さんとふれあってきました。赤水保育園は昨年、年長組さんを対象に子どもゆめ基金の助成によりホースセラピー教室を行ったことがあります。今回は保育園への出前講座です。今日の私の担当は子どもたちのヘルメットの脱着や馬の後ろに子どもが行かないように安全確保することでした。

　DANさんがほとんど段取りしてくれたので、今日は今までのように企画を考えて集客する必要がなく、当日に現地に行けばいいので気楽に考えていました。すごくいいお天気で日焼けしてしまって、家に帰ったら熱中症気味で疲れていました。

　園児のみんなが楽しそうに馬に乗っているのを見たり、入園前の乳児さんも馬にニンジンをあげたり、馬にタッチしたりして、笑顔になるのを見ていたら、昨日までの少しネガティブな気持ちもどこかへ行ってし

まいました。年長さんから乗り始めて、うちの子のいる年中さんも乗り、息子は父親が保育園に来ているのが嬉しいみたいで、ずっとパパと言っていたので、気恥ずかしかったです。次男は私が来ているのが分からなかったのかな？

今日の模様は地元テレビ局の夕方のニュースで放送されたみたいです。明日の朝刊にも載るみたいですね。ホースセラピーは阿蘇らしい活動で、これからも継続していきたいと思っているので、何らかの形で団体を設立するなどして、続けていけたらと思っています。誰かの笑顔を見るのは気持ちがいいですね。

さて明日は高校の支援員の面接です。今日もお疲れさまでした。おやすみなさい。

5月19日（震災34日目）：就職活動でスーツを着る

この日は朝から迂回路を通って、高校の支援員の面接を受けてきました。久しぶりのスーツとネクタイに思わず身も心も引き締まります。車で出かけたのですが、やはり道路は混雑気味で、時間がなかなか読めません。でも早めに出発したので時間前に無事到着。緊張しながらも事務室を探して挨拶します。

応接室で待つように言われ、履歴書と職務経歴書を手渡すと、しばらくすることもなく、何を聞かれるか少しだけ不安になりました。

ほどなくして校長室に通され、校長、事務長、役職不明の方の三対一で面接が始まりました。この高校への印象を聞かれ、その後自己紹介をしました。それから今までの経験をどう生かすか、保護者の方への対応は何ができるのかなどを聞かれ、普段考えていることをお伝えすると、肯定のうなずく仕草が見て取れたので、わりと自由に話すことができました。

ただ最後にここで働くために何か配慮が必要かと聞かれた際に、自身

104　熊本地震日記　前編　SNSの記録

のアスペルガーのことは伏せていたため、少しだけ不自然だったかもしれません。そして面接も無事終わり、昼食も取らずに帰宅しました。

夕方からは阿蘇市災害ボランティア連絡会議の第2回目の会合にオブザーバーとして参加しました。これは、現在阿蘇で活動しているNPOや各団体、行政と民間などの連絡調整のための会議です。この日は出席者も多かったため、資料が足りないということで、古巣であるNPO法人九州バイオマスフォーラムの中坊さんの隣で参加させていただきました。

私が参加して感じたことは、以下のような感じです。

・阪神淡路や東日本などの経験が少なからず役に立っている
・ボランティアの仕事内容が多岐にわたっている
・地域のニーズが十分にはヒアリングできていないのでは？

東日本震災の東北地方に比べれば、阿蘇地域は狭いので、ITを活用した支援などを実験的に行うにはいい機会なのかもしれません。

またせっかく九州バイオマスフォーラムと里山エナジーなどバイオマスなどを利用した自然エネルギーの普及を目指している団体があるのだから、今後の復興には災害に強いまちづくりの一環として再生可能エネルギーを使った非常用インフラ整備が実現したらいいなと思いました。

今後県外からの支援の申し出があった際にはこの連絡会で共有していきたいと思っております。阿蘇地域で何か支援をお考えの方がいらっしゃいましたら、おつなぎいたしますので、メッセージをいただけると幸いです。どうぞよろしくお願いいたします。

5月20日（震災35日目）：災害時にコミュニティデザインができること

この日は熊本市内でコミュニティデザインが専門のStudio-Lの内海さ

んを招いての阿蘇復興プロジェクトの第1回目の開催日でした。どうしても南阿蘇に偏りがちな報道のせいで、阿蘇市の情報が届かないという思いと、熊本市内と阿蘇、九州と熊本で情報を共有できればと建築家の藤本氏の紹介でこのプロジェクトに参加させていただきました。建築士の参加がほとんどで、阿蘇地域で被災した当事者で阿蘇市在住は私一人、藤本氏は南阿蘇出身ということでした。

　福祉の授業でもよくあるジェスチャーのみで自分の誕生日を表し、生まれた月日の順に並ぶというバースデーチェーンでアイスブレイクし、グループを3つに分け、前半がポストイットを使ったブレスト。

　休憩を挟んで、後半がそれを解決するためのビジョンの検討で、7時から始まったミーティングはあっという間に10時の終了時刻を迎えました。

　詳しい内容はここでは書きませんが、コミュニティデザインという地域づくり、まちづくりのことに前々から関心があり、今回のファシリテーターである内海さんの所属している事務所の代表が書かれた本を何度も読んでいましたので、とても貴重な経験をさせていただくことができました。

　帰りの道中は運転ができなくなりそうなほど疲れたのですが、参加してよかったと思い、この縁をつないでくれたデザイナーの友人mikaruさんに感謝です。

　この日のミーティングで私が感じたことは以下の通りです。

・あまり被災地の情報が伝わっていない
・現地のニーズが把握しづらい
・被災して無職になった人と仕事がある人では置かれている立場が違う
・建築家ができることは何か？
・コミュニティの再生が必要なのか？

いろんな課題やそれに対する面白い解決案がたくさん出てきましたが、

時間がなかったので自分の思いはあんまり発言できませんでした。その
とき、私が考えたビジョンを書いておきます。

短期：生活再建のための所得保障と社会保険料の軽減措置

仕事がある人の場合は収入が保障されるので、とりあえず働いてい
ればなんとかなる。だが会社を解雇され、廃業した方は収入が激減
し、今まで会社負担だった社会保険関係をすべて自費で払う必要が
ある。それは消費税の増税よりも苦しい支払いであり、そのために
貯金を切り崩さなくてはならないという事態にある。

そこで雇用保険（失業保険）などを利用するわけだが、若年者は支
給期間が短く、もともと低賃金で働いていた場合は1ヶ月の支給額
が6万円しかない方もいる。

そのため、このような激甚災害の場合は所得に応じて国民健康保険
の免除を国に指定してもらい、少しでも負担を減らすべきだと思う。
それから求職の際にも、臨時採用が熊本県などで始まっているが、
被災者を雇用した企業への助成などをつけてもらえるといいのでは
ないかと思う。

中期：国道（インフラ）の復旧

今は阿蘇市からミルクロード経由で熊本市内の病院へ救急車で搬送
できるようになったが、悪天候でドクターヘリが使えない場合には
この迂回路一本しかない。

事故や故障車による渋滞が起きれば、もうどうしようもない状態に
なる。

連携先を宮崎や大分にも確保しているが、遠隔地での画像診断など
まだカルテなどの個人情報共有の問題などもあるので、早急に道路
の復旧をというのが住民の願いだ。

大分県側からは中九州を東西に横断する高規格道路の建設が進んで
いる。熊本県もいよいよそれをどんどん工事する時期が来たのかも

しれない。

でもそれは私の実家のお店にとっては主要道が代わり、お客さんの流れが変わる死活問題につながる。

どのようなプランがいいのはまだ検討の余地があるが、同じグループの矢橋さんのおっしゃっていた参勤交代の道が今、迂回路として機能しているという事実に着目し、もう一度、町をつなぐ道路について考える時期なのかもしれない。

新聞では大量の土砂をどけるのではなく、阿蘇から大津方面へトンネルを掘る計画も想定されている。

長期：阿蘇ならではの防災まちづくり

今も考えている人はたくさんいるが、身近にある資源を利用して環境負荷の少ない暮らしを実践できれば、より少ないエネルギーで生活できるようになるだろう。

それは友人である大津愛梨さんが目指している農家がエネルギーを作り出すというビジョンと通じるものがある。

以前、私は九州バイオマスフォーラムと一緒に薪を作るときに出るチェーンソーくずで着火剤を作りました。阿蘇ならではの資源を有効に活用し防災に役立てられる時代が来ているのかもしません。

現にバイオライトというキャンプ用ストーブは枯れ枝や落ち葉といった木質資源を燃やすとその熱エネルギーを効率よく電気エネルギーに変換してUSB経由でスマートフォンなどを充電できるというすばらしい機器も生まれています。

ただ流行っている都市計画を流用し、普段誰も住まないハコ物を作るのではなく、その土地でずっと暮らしていく人々のためのこの復興プロジェクトのメンバーが動いてくれたらいいなあと思い、なかなか眠れませんでした。

5月21日（震災36日目）：道路で変わる生活圏

JR代替バス（筆者撮影）

　今日の写真は平日に阿蘇を走っているJRの代替バスです。県内のバス会社が運行しているのですが、実は平日のみの運行となっており、土日は走っていません。おそらく通勤通学のための手段としてバスを走らせているのでしょうが、休日にJRでお出かけするという子どもはもういないのかな？

　以前子ども（中学生か高校生）が恋人と再春館製薬所のイルミネーションを見るのに、親同伴で車に乗せていったという保護者の話を聞いてとても違和感がありましたが、今って自分らで出かけたりしないのかな？

　土曜に病院に行きたい人は誰か車に乗せてもらうしかないのでしょう。二重の峠の入口脇にはエンジントラブルか何かで動かないバスが修理を待って止まっていました。

阿蘇のような中山間地域では車がないと不便です。車を持てない人はキャノピー付ジャイロなどの三輪バイクやスーパーカブにまたがり、危なっかしい運転で道路を走っています。それは生活圏が広くなりすぎたためでしょう。昔（30年～35年前ぐらい）は行政区ごとに食料品店や日用品店があり、わりと普段の買い物は事足りていました。たまにスポーツ用品を買うのに隣の行政区へ行けばよかったものです。でも今は買い物するにも病院に行くにも車かバイクがないとつらいです。さすがに福祉タクシーに毎回乗るのも大変ですし、地域住民の助け合い精神が強いところはいいけれど、買い物を代行してもらうことも親戚がいなければ大変です。

緊急避難的にカーシェアリングが阿蘇で始まっていますが、これからはコミュニティバスや白タクにひっかからないUberの普及が過疎の村では必要になるかもしれませんね。

逆に小学校単位であれば子どもたちの送迎を保護者が行っていたりするので、日本版Uberを試験的に導入するのもいいのではないかと思いました。

5月23日（震災38日目）：行政を批判するだけでは物事は進展しない

被災証明の窓口で、不服を申し立てている方が多すぎるのでしょうが、二次調査をすると一部損壊が被害なしに下がりますよと職員が話していたのが耳に残っていました。そこで行政の対応を批判している投稿をSNSで見つけ、上から目線の物言いに腹が立ちました。

行政関係者に怒りの矛先を向けるのは簡単ですが、この誰も経験したことのない状況の中で、誰もが納得する解決策を提供できる人や団体は皆無だと思います。

疑問があるのであれば、それを変えていこうとする運動や行動を起こ

さず、ただ批判するのはもう止めようと思います。行政関係者だってバカではありません。

今回の地震で建物は大丈夫でも、建っている土地がとても修復できる状態ではない南阿蘇村では罹災証明が出ないという特例に対して地域単位での特別な対応ができるよう、村と県が協議を重ねています。

被災者の声なき声を拾い、それを必要としている人がいれば、支援者と共に前例のないことに対して、全く新しい策を検討し、新しい基準を構築していく。

私たちが次の世代にできることは、これまでの法解釈や前例慣習では対応できなかった事態に対して、ITやSNSの力を駆使して、社会を変えていくことではないかと思います。

行政職の方々の多忙ぶり、中の人を見たら、お説教という言葉を使うことにはどうしても抵抗があります。異議申立を受け付けない行政だけを批判するのではなく、異議申立の方法説明やソーシャルアクションを実行すればいいと思ってしまいました。

一人ひとりが当事者意識をもち、世界はもっとよくなると思って行動すれば、すべての人にとって住みよい世界が実現できる気がします。

任意団体を立ち上げ

いろいろな支援のお話をいただくのですが、個人では受け皿になれないことが出てきたため、熊本地震をきっかけに家族と友人と話して、任意団体を設立準備中です。名前は「風と大地」です。今後ともよろしくお願いします。

自分たちでできるボランティア：建物補修の無料相談会

来たる6月8日に木造構造専門の一級建築士さんと伝統工法が得意な大工さんをお招きして、阿蘇地域（※今回は阿蘇市）の木造家屋の現地相談会を開催します。

事前に建物の様子をお伺いして、当日にお宅を訪問し、家主様やご家族の建物に関する質問に

お答えいたします。行政主催ではないので、店舗の相談でも大丈夫です。
例えば以下のような疑問を解消できる可能性があります。

　　・このまま住んでも大丈夫か？
　　・耐震補修をしたほうがいいのか？
　　・耐震補修をする場合の抑えるポイント何か？
　　・工務店選びのポイントは？

1件あたりにかかる時間がおよそ1時間を予定していますので、今回の6月8日は6件ほどま
だ空きがあります。ご興味のある方は私宛にメッセージなどで連絡をいただけると調整いたし
ます。来週赤水保育園で配布するチラシをご覧ください。
阿蘇で暮らす人の不安を少しでも解消できるよう今後も継続していく予定ですので、どうぞよ
ろしくお願いいたします。

‖‖‖

6月6日 （震災52日目）：おかたいところに就職する

　最近Facebookに書き込む暇がありませんでしたが、毎日が劇的に変化
したので、お知らせします。

　Apple社からは一切連絡がなく、途方に暮れていましたら、ある高校
の支援員として採用が決まり、6月1日から高校で働いています。今まで
の福祉職の経験や学んでいることを生かせる場所だと感じて気合いを入
れてはいますが、毎日眠い目をこすりながらミルクロードを越えて通勤
しています。本当はバイクで行きたいところなのですが、既に朝課外が
はじまっている時間にバイクで入っていくのは迷惑かと思い、校門でエ
ンジン切って押すのも駐車場まで遠いなあと考えてしまい、まだ実行に
移せていません。

　まだ通算3日しか行ってないのですが、渋滞はそこまでひどくなく、40
分程度で着きます。故障車がいたら時間が全く読めなくなりますが……
（一度故障車渋滞で菊池方面まで林道を経由して迂回することがありま

した）。

　家族の理解もあって、今回の仕事は好意的に捉えてもらっていまして、ずっと家にいるよりも外で働いていたほうが、私の精神衛生上も良さそうです。

　生徒さんの中にはいろんな方がいらして、地震に被災していたり、障がいがあったり、何らかのハンディがある生徒さんもいらっしゃいます。菊池桃子ではないけれど、最近一億総活躍社会ではなく、社会的包摂（ソーシャルインクルージョン）が理念としてもてはやされ、誰も排除しない社会を実現しようという考えが主流になっており、教育分野ではいち早くインクルージョン教育が推奨されています。

　障がいのあるなしにかかわらず、すべての人が平等に教育を受けられるように私のような支援員の配置が実験的に始まりました。あまり気負わず、でも関わった生徒のためになるようにみんなの困り感を敏感にキャッチして、少しでも学校生活が快適で豊かになるように年度末までがんばろうと思っています。三日坊主で終わらないといいのですが……。子どもの頃は学校嫌いだったので、毎日終わる頃になるとへとへとです。うまく表現できませんが、つぶれないようにがんばります。

6月18日（震災64日目）：申請した被災者へのサービス

　弥生株式会社からのお知らせで、今回被災された方は安心保守サポートを1年間無料で延長してくれるそうです。

　以下の要件をすべて満たす方限定ですが、ご存じない方はぜひどうぞ。

A：震災発生時（2016年4月）、ご登録住所が熊本県で「あんしん保守サポート」に加入されていたお客様

B：罹災証明書（コピー可）にて以下の被災を確認できるお客様

詳しくは弥生のアナウンスを確認してください。

　トレンドマイクロからのお知らせで、熊本地震に被災された方へのインストールメディアを紛失された方への提供や使用期間の3ヶ月延長のサービスが行われています。

※筆者は、申請するのが遅くて1ヶ月のみの延長となりました。

　ディストーション0のすごい写真が撮れるDP0クアトロで人気の**シグマ**が災害救助法の適用地域に住んでおりカメラやレンズが被害に遭った方向けに修理料金の半額サービスを行っています。

　受付が地震から6ヶ月以内かつ個人ユーザー限定となっていますのでご注意ください。

※ショック品の修理ということで、筆者は約11,000円の半額で修理していただきました。

6月27日（震災73日目）：地震で参加者の減る地域の活動

　公役と呼ばれる地区の清掃活動。私の担当は店に隣接する駅の草刈りです。地震以降初めての作業なのですが、来られていない方がおり健康状態などが心配です。

7月28日（震災104日目）：転職して約2ヶ月

　勤務先の高校の1学期が終わりました。

　中途採用の特別支援教育支援員でしたが、大きな事故もなく終えられたことに感謝しています。

　縦割り行政の仕組みの中で、生徒の問題にもっと踏み込んで支援したい場面がいくつもありましたが、新参者の非常勤職員と常勤の先生との間にはやはり深い溝があり、それを越えることはできませんでした。

　県の教育課からの指導で、支援員は勉強を教えてはならないことが明

記してある文章を渡され、授業中に勉強を教えるのではなく、居眠りを注意したり、離席したり、私語をしている生徒に注意喚起して授業に集中させるという役割を命じられました。

ですが、子どもたちは分かる生徒を中心に授業を進められるので、なかなか理解できずに道の途中で立ち止まっている生徒が目に付きます。

彼ら・彼女らは分からないので隣の友人とぼやいて、私語をしてしまうのですが、少し解法のヒントを助言したり、途中の計算式を間違えていたりするのをアドバイスするだけでパッと笑顔になって、問題を解くことに集中します。そうすると自然と私語も減ってきます。

教科担当の先生からしたらうるさいのかもしれませんが、そうやってひとりでも多くの生徒が分からないことが分かったときの笑顔が見られるように、夏の課外も自分流でいこうと思います。

社会と情報はパソコンの使い方だし、物理や数学は途中の計算があるので、授業中に生徒と話しやすいため報告書には書きませんが、学習支援をして、生徒の皆さんとの距離を少しずつですが、近づけています。

既に1学期にいじめの問題も少しずつ見え隠れし、JRの代替バスの問題もまだ解決できていません（今までは土日は運休なのです）。

あまり大きなことはできませんが、ボチボチがんばりますので、関係者の皆さま今後ともよろしくお願いいたします。ありがとうございました。

土日、2学期以降のJR代替バスの運行について

県やJRの尽力により豊肥本線の代替バスが運行していますが、8月以降のバスの運行について、どのようなスタイルで運行するのか内容が決定していないそうです。

個人単位での要望では声が届きにくいことから、公立私学に通う子どもたちの保護者が集まって、阿蘇通学連絡協議会を結成されたそうです。既に7月4日に副知事や県の教育長へ「要望書」を手渡し、土日・夏休み期間中の運行について話し合いがもたれました。

しかし8月以降の運行について結論が出ず、県との協議で保護者の意見をとりまとめてほしいという要望があがったそうです。そこでJR代替バスを利用している方は、市役所で行われる集会に参加されてみてはいかがでしょうか？

熊本地震日記　前編　SNSの記録　　115

※その後この問題は通学者向けに補助金が教育委員会から出ており、通勤で使う社会人に対しての解決策がないと問題になっています。

7月30日（震災106日目）：お盆前に墓掃除

墓石が落ちました。（筆者撮影）

　地震後初めての墓掃除に来ました。午前と午後に分けて作業して、最後に納骨堂を開けて、骨壺が倒れて割れていないか確認したら、お位牌さんは倒れていましたが、骨壺は大丈夫でした。中がすごく蒸したので、ご先祖様と対話しながら、少し風を通しています。墓石は思いっきり倒れているので、業者を呼ばないとどうしようもなさそうです。
　親戚のお墓は土砂に埋まって骨もお位牌も見つからない方もいらっしゃいました。
　阿蘇の短い夏が始まりました。

8月8日 （震災115日目）：学習ボランティア

　今日から阿蘇中学校の地域未来塾という勉強会にボランティアで参加しています。

　中学3年生を対象とした講座で、今日は初日ということで開校式がありました。

　私の小学校の恩師のご主人がコーディネーターで参加されていて、とても嬉しくありました。

　中学3年生は高校生とはまた違った雰囲気です。最近高校に勤務していて、この子たちは中学でどんな勉強をしてきたのだろうと思っていたことが、実際の現場で交流しながら様子が分かるので、私には非常に勉強になりました。

　主催されている先生は詰め込み型の暗記教育の弊害をおっしゃっています。私の考えとして、勉強は暗記ではなく、パズルを解くように楽しめる方法を伝えられたらなぁと思っています。

　また友人が夏休みを利用して阿蘇に来てくれるので、勉強と働くということについて、ここでミニ講義を開催できることになりました。子どもたちの反応が楽しみです。

8月10日 （震災117日目）：お金より夢を追いかけよう

　阿蘇中学で夏休みの特別企画として行われている「地域未来塾」に学習支援のボランティアとして参加しています。8月10日はシアトルからボランティア活動のために阿蘇を訪問している旧友のニューマン一家を学校にお連れして、働くことについてスピーチをしていただきました。

　リチャードさんが英語で自分の生い立ちから現在に至るまでを分かりやすく話してくれ、それを奥さまの弘子さんが同時通訳で日本語にしてくれました。普段接する機会がないアメリカのIT企業と日本の企業の違いにみんなびっくりしていました。

私がなぜこのように子どもたちと話す機会を持ったのかというと、面白そうだったからです。人により価値観は様々で、たくさんお金が稼げるからこの仕事を選んだとか、私のやりたい仕事は「統計的に見ると平均年収が少ない」とかお金という物差しで測ると間違えることがたくさんあります。

　私が伝えたいことは、「面白いと思えること、夢中で打ち込めること、これだけは誰にも譲れないという自分の好きなことを頑張り続ける」ということです。

　心から楽しいと思えることを仕事にすることは悪いことではありません。やりがいのある仕事を見つけることができた人は幸せだと思います。

　お金は大切ですが、嫌々働いてお給料をもらっても、毎日が楽しくなければ段々とストレスが溜まり、身体を壊して働き続けることができなくなってしまいます。

　世界中の人間は脳の大きさはほとんどいっしょです。
　だからみんなスタートラインはほぼいっしょなのです。
　今日出会ったみんなも素晴らしい心をもっています。
　だから自分の可能性を信じて、がんばってください。
　がんばった人には必ず結果が付いてきます。
　僕たちはそんながんばる子どもたちを応援します！
　自分の夢を追いかけよう！

ということを伝えたかったのですが、先生はあくまでも高収入にこだわっていたので、子どもたちに真意が伝わったかが心配です。

　子どもたちが萎縮しているように感じたので、なんだか教育現場の問題は深いなあと感じました。

8月12日（震災119日目）：未だ大変な道路事情

雑草に侵食される線路（筆者撮影）

　畑の草を刈るついでに線路の草も刈りました。

　廃線になったかのような豊肥本線。銀の剣のようだったレールは錆びて輝きを失い、前から少しだけ生えていた雑草が線路を飲み込みそうな勢いでした。通勤通学にJRを利用していた方は代替バスを利用するか、家族の送迎で移動するしかなく、阿蘇市の迂回ルートであるミルクロードは多い日で1日5件の車のトラブルによる渋滞が発生しているそうです。

　実際私も通勤の際によく故障車や事故車に出会います。

霧が出て渋滞する迂回ルート（筆者撮影）

　時間が読めないので少しでも早く出発するように心がけていますが、VICSも光ビーコンも設置されていない道なので、渋滞情報が一切入手できず、車の速度や流れを見てやばいなと思ったら矢護川を通る林道で菊池に抜けます。

　もうすぐ震災から4ヶ月。早く道路や鉄道が復旧してほしいというのがみんなの願いです。

震災からおよそ4ヶ月を過ごして

　学生時代を京都で過ごし、阪神淡路大震災のときにはあまりにも無力でした。

　その後東日本震災では妻の両親一家が自宅に戻れない特別避難区域に指定されに、数ヶ月間、私たちの町へ避難していました。

　その翌年には九州北部水害、そして阿蘇中岳の爆発などを経験して、今回の地震です。幸いアウトドア用品や工具が一般の家庭よりも揃っているため、お米などの備蓄が尽きるまでは、割りと前向きに過ごすことができました。

　それまで福祉職についており、自助ができたら共助だという気持ちが

ありましたので、お隣さんの安否確認やいくつかの活動に参画すること
ができました。

　現在でも阿蘇市災害ボランティア連絡会にオブザーバーとして参加し、
個人的にお付き合いのある方々からの支援の申し出を現地の個人・団体
とおつなぎするハブの一つとして機能しています。

　今回の災害で感じたのは、都市部と農村部でのリソースの違いでした。
都会で被災したならば、十分な備蓄も道具もなく、避難所で配給のお世
話になるだけだったでしょうが、今回は水の都熊本での被災だったので、
子どもの頃から知っている湧き水を利用し、ガレージに転がっている材
料や電動工具を駆使して様々な工夫で自宅避難生活を快適に過ごすこと
ができました。

　そしてひとえに田舎の持つ空間の広さがストレス軽減につながったの
だと思います。人にはパーソナルスペースというものがあり、自分にと
ても近い位置に他の人がいるのはストレスになります。避難所はパーソ
ナルスペースを確保することが難しい場所です。

　車中泊という手段を取ることができた方々は肉体的にはお辛いでしょ
うが、精神の安定を図ることができたのではないかと思います。私が避
難所で過ごすことになると具合が悪くなったに違いありません。

　また時期的に多くの農家にはお米の備蓄があります。私の実家も飲食
店だったため、しばらくは仕入れていたお米を食べることで命をつなぐ
ことができました。また自家菜園もあったので、季節野菜を食べること
もできました。ですが、都市部にいたら物流がストップしていては配給
を待つしかなく、空腹による精神の不調を感じたかもしれません。それ
に甘いものを時たま食べることができたのが、かなり効果的で、心の安
定につながりました。

　ここに書ききれないほど、いろいろなことを経験したのが今回の地震
ですが、PDCAサイクルというビジネススキルと同じようなものを一貫
して守っていました。

それはサバイバルスキルの一つで、STOPというものです。

S：Stop ＝動かない
T：Think ＝考える
O：Observe ＝観察する
P：Plan ＝計画する

　この考え方はジャングルなどで迷ってパニックを起こさないために考えられたものですが、災害時にもうまく使うことで、難局を乗り切ることができました。
　私はこれを地震で壊れた器具を治すときや物事がうまくいかず焦っているときに活用しました。

1. まず闇雲に行動しない。例えば修理の場合、壊れたものをすぐに分解しない。どういう仕組みになっているのかを想像します。
2. 次にその想像通りの構造かを写真などで記録しながら、分解して確認します。そのときに情報が収集できるのであれば、インターネットを使ってなるべく信憑度の高い文献にあたります。
3. それからどのような部分に問題があり、それを改善するにはどんな方法があるかを検討します。
4. そして実際に材料や道具を準備して修理します。修理の結果、うまくいかなかった場合は最初に戻ります。

　心に余裕が残っていれば、人は普段できないような難しいことでも、成し遂げられるということをこの方法から学びました。
　まだまだ問題は山積みで、課題も日々更新されていますが、ウェブの

力で自分の足りないスキルを補完しながら、自分、家族、友人、そして地域のために、できることから少しずつ復興へ歩んでいきたいと思っています。

今の私は助けられる側ですが、私たちを助けてくれる方々が被災したときには、逆に私たちが助けを差し伸べられるように相手をおもいやる気持ちを忘れないようにします。

デジタルの道具に例えて言うと、ポケベルやカード式の公衆電話、携帯電話、PHSと来て、パソコンもPDAからノートPCになり、スマートフォンの時代が来ました。

約20年前には想像もしていなかった携帯デバイスと通信手段の進化の過程を体感してきたのですが、電気がなくてはどれも使えません。

ITの力で生活はとても便利になりましたが、災害などでGoogle検索できないときに役に立つのは普段のライフスキル＝生きる力でした。

ネットに依存している知識はどこか不確かだというのを痛感したのが今回の地震です。

そして今回役に立った道具は、昔からある工具や何十年も変わらない登山に使う道具たちでした。小型化してはいますが、普段使っているガスバーナーやランタンはとてもシンプルな道具です。それらがあったおかげで避難生活が格段に楽になり、子どもたちもキャンプ気分で乗り越えることができたのだと思います。例えば昔クライミングに行ってキャンプしたときの夕食はパスタでしたが、ゆでるお湯を節約し、手早く調理するためにパスタを半分に折ってショートパスタにするというのを先輩格の人に教えてもらいました。今もなおその方法を、普段の生活の中で取り入れています。

災害時に発揮できるライフスキルを遊びの中で鍛えていければよいのではないかと、実感したのが今回の地震でした。

後編へ続く。

付録　筆者撮影写真による熊本地震の記録

蕎麦の花

　阿蘇市では用水路の破損による水不足で稲を植えられなくなった田んぼに蕎麦を植えている農家が今年はあちこちで見られます。

阿蘇山の表層が崩れる

　九州北部水害で被害のあった阿蘇山麓の山肌が地震でさらに崩れています。

阿蘇西地区の道路

　阿蘇大橋に近い阿蘇市西部の阿蘇西小学校付近は道路があちこちで破損し、通行不能な場所が未だにあります。

迂回路の渋滞

　連休や夏の行楽シーズンは早い時間から熊本市内方面へ帰る車で渋滞します。

仮設住宅

　阿蘇市の運動公園に建てられた木造仮設住宅。集会場を備えていますが、徒歩で買い物に行ける距離ではありません。

仮変電所

　鉄塔の建設と共に急ピッチで建てられた仮の変電所。ポケモンGOユーザーへの注意書きが見えます。

壊れた鳥居

写真は的石の天満宮。神社の鳥居や社殿があちこちの地域で倒壊しています。

外輪山の土砂崩れ

　天空の道（ラピュタロード）として阿蘇市の新名所になっていた道路も土砂に埋まりました。

空き地（1）

　解体されて歩道だけが残ったログハウス跡。

空き地（2）

　見守りに通っていた近くの親戚の家は解体されて跡形もありません。

空き地（3）

　解体されたブロック塀の鉄筋にケガ防止の目印としてペットボトルがそえられています。納屋からこぼれた豆の種が芽を出してきれいな緑色です。

形が変わった根子岳

地震で根子岳の山頂部分が崩落しました。

建設中の鉄塔（1）

建設中の鉄塔。人力で作業していました。

建設中の鉄塔（2）

二人体制での作業です。

高速の橋脚

　九州高速道の熊本インターは橋脚が壊れ、しばらく上り下りともに阿蘇方面から進入していました。

飛行機と子どもたち

紙飛行機で遊ぶ子どもたち。

狩尾の陥没場所

写真では分かりづらいですが、すごい傾斜です。

修復中の熊本城石垣

熊本城は立ち入り禁止になっています。

新たな鉄塔

鉄塔はワイヤーでバランスをとっています。

赤水駅

解体を待つ赤水駅。

代替バス停留所

代替バスの停留所の看板。

置き去りの列車

地震直後置き去りになったJRのディーゼル列車。

田んぼの中の温泉

田んぼの中に湧いた温泉。水温が高いため米が作れなくなりました。

倒壊した阿蘇神社

　倒壊した阿蘇神社。地元の人は阿蘇神社が身代わりになってくれたと信じています。

内牧駅

　解体が決まった内牧駅。

二重の峠の湧水

迂回ルートにある湧水。土砂崩れで岩が落ちてきていました。

閉店したコンビニ

国道が通れなくなって閉店したコンビニ跡地。

無事だった乙姫神社

乙姫神社は無傷でした。

無人のアパート（1）

東海大学の学生アパートです。

無人のアパート（2）

別の学生アパート。無人です。

無人のアパート（3）

こちらの学生アパートも無人なようです。

夜峰山の土砂崩れ

　南阿蘇村の夜峰山の土砂崩れ。テレビ塔や給水施設も土砂崩れの被害に遭いました。

根原野からの眺め

　私の住む根地区の原野から立野の崩落現場や熊本市内が見えます。この日は天気が良かったので、有明海や遠く雲仙島原まで見えました。これから秋になるとススキ野原が黄金色に染まります。

熊本地震日記　後編　広がる支援のネットワーク

後編のまえがき

　今回の地震で私の住んでいる阿蘇地域は大きな被害を受け、生活が一変しました。東日本大震災のときは妻の故郷が被災し、家族の受け入れ先の確保や店先での募金活動しかできませんでした。子どもが生まれる年で、物理的に距離があったため、ボランティア活動で現地に入ることは難しかったのです。

　しかし今回は被災地で暮らしており、様々な活動を行っている人たちから声がかかりました。私にできることがあればという思いで、災害ボランティア活動に関わるようになりました。5ヶ月経って自分の足跡をふり返ってみると、一個人としては結構いろいろな団体と繋がりができたと感じます。それぞれの団体や個人の方とのリンクが、さらに新しい出会いや活動へとリンクし、阿蘇を中心に支援のネットワークが重層化しました。

　それぞれの団体の活動は多岐にわたっているので、興味があれば連絡先を参照してください。ここに記した文章は、あくまでも私の実体験に基づいています。異論などあるかもしれませんが、真実は自分で確かめてほしいと考えています。

阿蘇市災害ボランティア連絡会議主催、中坊 真氏と

阿蘇市では社会福祉協議会の災害ボランティアセンターが本震から1ヶ月もたたない2016年5月3日に閉鎖された。私も「自分の地区のニーズ調査などでよければやります」と社協に伝えたのだが、センターに問い合わせのあった地域住民のニーズで対応できるものについてのみマッチングを行っていたので、被災者ニーズとボランティアのマッチングが必ずしもうまく行かなかったのではないかと感じていた。そもそもニーズ調査をするための人的余裕がなかったのかもしれない。そんな中、「NPO法人 九州バイオマスフォーラム（以下KBF）」の中坊 真さんは、阿蘇市の災害ボランティアセンターの閉鎖と同時に会議体を立ち上げ、一緒に活動しようと声をかけてくれた。

阿蘇市災害ボランティア連絡会議の様子（写真提供：阿蘇市災害ボランティア連絡会議）

支援をつなぐコーディネーター

　KBFは、再生可能な自然エネルギーを使って地球に優しく環境負荷の少ない暮らしをしようという活動を行っており、経済産業省のプロジェクトに採択され阿蘇の草原の野草を燃料に発電する実証実験を行った。また、環境教育として阿蘇のススキを使った卒業証書づくりを阿蘇市内の小学校で実施するという草原保全に寄与している団体だ。

　今回の地震でNPO事務所の電気も水も止まった。幸い住まいや職場の被害が軽微で、「地震で仕事ができないのなら、阿蘇のためにできることをしよう」と考えた中坊さんは、それまでつながりのあった団体や企業からの支援を現地コーディネーターとして受け入れを始めた。

　バイオディーゼル燃料を扱うガソリンスタンドで有名な滋賀県の油藤商事からは社長自らタンクローリーを運転して、不足したガソリンをいち早く阿蘇へ届けてくれた。

　中坊さんはこのガソリンを阿蘇市の公用車など被災者支援で活躍する車両に給油した。また全国から届く支援物資をトラックに積み込み、各避難所を回って独自に物資を配布して回った。私も地区の自主避難所2ヶ所を訪ね、必要なものをヒアリングして彼に伝えた。

　ちなみに私が避難所で欲しいと頼まれたものは、消毒用の次亜塩素酸、ご飯のおかずになる缶詰、新鮮な水だった。

ボランティア情報共有の仕組み作り

　5月初めに阿蘇地域で活動している災害ボランティア団体の情報共有をしようという活動を彼が始め、フェイスブックでグループが作られた。私は家族と相談し、直接支援はできないがオブザーバーとして参加しようということになり、彼が立ち上げる災害ボランティア連絡会議の一員となった。

　5月10日の第1回の連絡会議に集まった活動団体は、「熊本YMCA」「阿

蘇青年会議所」「災害NGO結」「阿蘇災害ボランティアベースZEN」「NPO法人 ユナイテッド・アース」「NPO法人 今治センター」「遠野まごころネット」「阿蘇市市民課・総務課」「阿蘇社会福祉協議会」のメンバーだった。

当初この連絡会の名称は「阿蘇市災害ボランティア連絡会議」だったが、南阿蘇村の支援団体の参加もあった。連絡会のメンバーは週に1回集まって活動状況を報告し、お互いに協力できることがあれば協働し、その結束を強めていった。

阿蘇市以外では県外からボランティアに入ることに自粛要請のある段階にもかかわらず、勝手に押しかけて活動していた団体が問題になっていたが、阿蘇市ではこの災害ボランティア連絡会議がボランティア団体の受入窓口となって、地元の必要とされるニーズと、支援する団体との調整を行うことができた。その甲斐あってか、阿蘇市では、特定のボランティア団体がトラブルを起こしたという報告は今までない。

ITを使ったボランティアの課題解決

また、阿蘇市災害ボランティア連絡会議は、ITを活用した様々な支援方法を模索しながら、今後の支援のあり方について実験的な活動を行っている。例えば、ボランティアカードというボランティアの登録システムもその一つだ。

ボランティアセンターでは、ボランティアの受付作業やボランティア保険の加入でかなりの時間がかかってしまうという課題があった。公的な災害ボランティアセンターが閉鎖されてしまい、民間の支援団体が効率的にボランティアの受付業務を行うためには、IT化が必要ではないかと中坊さんは考えた。結果的には、阿蘇市の被害に関する報道が少なかったことや、阿蘇市の災害ボランティアセンターが早々に閉鎖されたこともあり、ボランティアの数がゴールデンウィーク以降に急減したことから、受付作業のIT化のニーズは思ったほどなかった。また、こうしたIT

化の仕組みづくりは、災害が起こってから作るのでは間に合わないことを実感した。地震から5ヶ月が経過した現在は、今後に生かす意味でボランティアの管理システム構築を徐々に進めている。またボランティア活動をした人に、阿蘇市内の温泉が無料で利用できるボランティアクーポンを配布し、温泉に入って疲れを取ってもらい、少しでも阿蘇を楽しんでもらう仕組みを整えた。ボランティアが災害支援だけでなく、観光も楽しんでもらうことで観光復興につなげる「ボランティアツーリズム」の一環として取り組んでいる。将来的には、温泉だけでなく観光施設や飲食店などでも利用できるボランティアクーポンの配布を検討している。

　そのほかにも企業研修の一環として阿蘇を訪れる企業ボランティアの受け入れ先の紹介、連絡会の会議をネット中継するといった試みも行われた。

　また非公開のFacebookのグループでは、毎回の連絡会議の議事録をメンバー間で情報共有し、各団体が独自に行うイベント情報の告知も行うことで連携を図った。

　そして被災者支援活動にいち早く助成金を出した日本財団の熊本地震関連の助成を受けて、家屋を解体するための重機やトラックをレンタルし、解体作業ボランティアとして阿蘇市西部の車帰や的石地区で倒壊の危険がある建物の解体作業を無償で行い続けた。

　解体場所の情報共有にもグーグルマップが活用され、複数のボランティア団体で同一場所の作業に当たる際の進捗状況や位置情報の共有がなされた。もちろんこれらの個人情報は支援関係者だけで共有され、各支援団体の責任の下に利用されていた。

阿蘇市災害ボランティア連絡会議の成果

　本書執筆時点（2016年9月）で連絡会議の立ち上げから4ヶ月経ったが、一時期の会議への参加者減少のときにも、挫けることなく会議を開

き続け、今では様々な情報がこの連絡会議へ集まるようになった。連絡会議の活動は、社会福祉協議会や阿蘇市にも認められ、通常は災害ボランティアセンターを通じて提供される高速道路の無料通行証（災害派遣等従事車両証明書）が、連絡会議の構成団体の活動に関して、発行されることとなった。このことで、阿蘇市に派遣されるボランティアバスの費用を軽減することができるようになった。

　また、阿蘇市からも公的に支援することができない案件がこの連絡会議に持ち込まれ、構成団体の連携によって解決するという事例が出てきた。具体的には、阿蘇市内の小さな神社が倒壊したが、宗教施設は政教分離の原則から公費解体ができない。しかし、神社というのは地域の精神的な支柱である。そうした神社の解体を、連絡会議の合同チームで解体し、地元住民や区長さんに大変喜んでいただいた。こうした実績から、会議場所として社会福祉協議会の会議室や阿蘇市市役所の会議室を無償で提供していただけることとなった。

神社の解体で出た廃材をバケツリレー方式で運び出すボランティア
（写真提供：阿蘇市災害ボランティア連絡会議）

効率的な支援のため分野別の専門部会に分かれる

　第13回の会議の時点で、連絡会では部会を創設した。個人の家や非住居の解体や瓦礫撤去を専門とする解体撤去部会。働き手が足りなくなった農林業者などへ支援を行う農林業部会。避難所運営や学習ボランティアなどの被災者支援部会である。現在ではそれぞれの部会ごとに必要があるときに会議を開き、全体会の開催頻度を減らして、より現場のニーズに合った動きができるように常にブラッシュアップしている。

　この連絡会議もKBFが事務局となっているが、支援金の取扱いなど慎重を要する問題があるため規約を設け、会の役員も副代表と事務局長、幹事にそれぞれ構成団体から役員を選出している。

あくまでも黒子として

　中坊さんは新しいプロジェクトを考え、それが円滑に動くためならば、裏方として働くことをいとわない。私が彼と働いて感じた印象は、どんなときもいつもポジティブ。逆境に負けず、研究者としての思考を常に働かせ、論理的かつ客観的に問題解決しようとする。そして京都生まれの関西人気質がそうさせるのか、どこか笑える落としどころがある。上から目線で発言するのではなく、一緒に汗水垂らしながらリーダーとして最後の責任を一手に背負っている。彼といると困難な局面も何とかなりそうになるから不思議だ。

　この夏には関東からバイクで阿蘇へ来て、野宿をしながら災害ボランティア活動に参加した学校の先生が、中坊さんの活動を耳にしてKBFの事務所に立ち寄ってくれたという。

　私も彼のためにできることがあれば、すぐに動くようにしている。

　中坊さんの阿蘇を愛する気持ちは多くの人の心を動かし、阿蘇で活動するボランティアを縁の下から支えている。

NPO法人 九州バイオマスフォーラム

http://kbf.sub.jp/

熊本県阿蘇市一の宮町宮地5816

阿蘇市災害ボランティア連絡会議

https://www.facebook.com/asovolunteer/

子どもたちへのホースセラピスト、平山DAN昌利氏と

ある時期に「引きこもり」だった私は、テレビ番組を見てホースセラピーのことを知った。その番組の主人公は拒食症の女の子だった。一言もしゃべらないその子に対してDANさんは常にあたたかく接していた。一緒に馬に乗り、草原を駆け足で走った。何度も牧場に来て馬に乗るうちに、その子はDANさんと少しずつ会話ができるようになった。そして自分の意思で手綱を操って走れるようになる頃には、食事が食べられるようになって、拒食症から脱出できた。そして体力もつき、会話もできるようになると、就職することもできた。番組を観た家族が私に、その牧場に行くように促した。運動することを忘れた私の身体はぶよぶよで、動きも鈍重だった。そんな誰も相手にしないような中年男性相手に、DANさんは丁寧に馬の鞍にまたがる方法から手綱の持ち方まで丁寧に指導してくれた。何度か通ううちに自分で行きたい方向へ馬を走らせることができるようになった。自分より大きな生き物を操るという行為は、失っていた自信を取り戻してくれた。冷たい北風が吹く山上で馬の体温を感じることで、命の存在を再認識した。私自身もホースセラピーを受けたことによって、元気になった経験があるのだ。

DANさんとAIさん（筆者撮影）

馬で歩いて行ける範囲で

　自分の体験をもとに、以前勤務していた福祉施設で、障がい者と子どもたちの交流のためにこれまでに通算7回ほどホースセラピー活動を行ってきた。

　今回も、震災で被災した子どもたちのためにセラピー開催費用の助成金を探していたが、残念ながらNPO法人格を取得していなかったために、応募できる権利すら無かった。馬を運ぶ車を借りる資金がなく困り果てていたら、「自分たちが馬に乗って歩ける範囲でやりましょう！」とDANさんから声がかかった。私は喜んでホースセラピー教室を手伝うことにした。

スペシャルオリンピックス日本の乗馬コーチ資格

　DANさんのスキルの一つにスペシャルオリンピックス日本の乗馬コーチ資格がある。彼はホースセラピーという言葉が定着する前から、馬を使ったアニマルセラピーについて学び、ホースセラピーを行う指導者へ

コーチをしていたスーパーバイザーだった。

ホースセラピーはアニマルセラピーの一種で、馬に乗ることで自分とは違う生き物のぬくもりを通じて、心身の回復を図るというものである。起源は古代ローマ時代に戦いで傷ついた兵士のリハビリとして始まったものだと言われている。

一番近くの保育園が牧場から馬で1時間以内のところにあり、保育園までの馬で歩く道も交通量の多い国道を避ける経路があったので、開催場所はYMCA赤水保育園に決めた。あとはスタッフをどうするかだ。奥さまのAIさんはブリティッシュもウエスタンもこなすカウガールだ。二人が馬に乗って牧場を出発するので、荷物を運ぶスタッフが必要だった。すると「阿蘇うま牧場」の常連さんが親子でボランティアをかってでてくれた。福祉を学ぶ大学生のお嬢さんとご両親の三人とも乗馬経験豊富だったので、すぐにホースセラピーのスケジュールが確定した。地震発生からまだ1ヶ月ほど、余震の収まらない不穏な状況での開催だった。

当日の朝、牧場に集合した面々は、荷物を確認し、それぞれの役割を果たすべく移動した。私は保育園へ移動し、騎乗台などをセッティングした。

馬は新しい環境では興奮し、緊張するので、初めての場所に行ったら食べ慣れているエサや水を与えて、時間をかけてその雰囲気に慣れさせる必要がある。

また安全管理の徹底していない乗馬クラブでは転落事故などが発生しており、私たちも気を抜けない。特に訓練された馬たちなのだが、子どもたちが後ろに回って蹴られることがあってはならない。

子どもたちとのふれあい

私たちは全園児が園庭に集まると、挨拶の後すぐに、馬の気持ちを耳の動きで感じようという話をした。馬が怒っているときは耳が後ろに寝

ているので気を付けることとか、馬の目の見える範囲は広いが、お尻の
ほうだけは見えないので、馬の後ろに立たないことといった、約束事を
覚えてもらった。

　DANさんは年中・年長組（4、5歳児）の子どもたちを集めて、乗馬経
験のある園児から馬に乗せた。阿蘇には観光乗馬ができる所が複数あり、
馬に慣れている子どももいる。誰かが乗るとみんな「僕も！　私も！」
とすぐに列ができた。

　DANさんとAIさんが一頭ずつ馬を引き、ボランティアの親子が馬を
保育園の遊具につないでえさやり体験を担当した。細く切ったニンジン
を手のひらに載せて馬の口元に近づけるとペロッと上手に食べてくれる
のだが、馬の鼻息に怖じ気づいた子どもは思わず手を引っ込めるので、
馬は砂だらけのニンジンを食べるハメになっていた。

　2歳児でも元気のいい子はつながれた馬の背中に乗って記念撮影が始
まっていた。子どもたちは人間より大きな生き物のぬくもりを感じて、
興奮気味だった。私もごくたまに馬に乗るのだが、馬の背中で揺られて
いると、独特のリズムで身体を揺さぶられ、落ちないようにバランスを
取っていると、身体全体の筋肉を使って乗っているのが分かる。降りた
ときには、太ももの筋肉が疲れている。子どもたちはどうだろうか？

　DANさんは子どもたちの足の長さ合わせて、足をかけるアブミの長
さを一人ひとり調節していた。そんな優しい心遣いのDANさんの調教
している馬は利口だ。子どもたちはすぐに馬に乗る気持ちよさを感じて
「もっと乗りたい！」と目を輝かせた。時間の許す限りみんなで馬に乗っ
て過ごした。園の先生たちにも乗ってもらった。おそらくほとんどの先
生に乗ってもらえたのではないだろうか？　クラス担任の先生が乗ると
子どもたちから「先生がんばれー！」と声援が飛んだ。

　終わり頃になると、ほとんどの子どもたちが笑顔に変わっていた。人
は動物にエサをあげる行為でも癒やされると聞いたことがある。家で牛
馬を飼うことがなくなった現在では、このような機会は貴重だ。

熊本地震日記　後編　広がる支援のネットワーク

子どもたちと最後にお別れの挨拶をして、DANさんと馬たちは西部劇のラストのように道の彼方に消えていった。

馬に乗る園児とDANさんたち（筆者撮影）

観光だけに頼らず馬と生きる方法

　後日、他園からも要請があったが、馬に負担がかかる距離だったため、まだ実現できてはいない。馬を運ぶトラックを借りることができれば実現できるのだが、予算がなかった。

　馬術競技よりも観光乗馬が多い阿蘇では、地震で観光客が激減した。毎年着実にファンを増やしてきた「阿蘇うま牧場」最大の危機だった。でもDANさんはくじけない。地震は「このままではいけない」という神様の思し召しだと思うという。彼には夢がある。観光客頼みの乗馬クラブでは、このような大災害時に収入源が途絶えてしまう。「本来馬を飼うということは、馬と共に生きることだ」と彼は言う。

　彼は、馬を繁殖・肥育できる本物の牧場経営を目指している。阿蘇の草原で馬を放牧し、野草を食べさせることでグラスフェッドビーフ（Glass feed beef）ならぬグラスフェッドーホース（Glass feed horse）が生まれる日も遠くはない。そうなったとき、阿蘇の草原保全にも寄与する健康で美味しい馬刺しが味わえるかも知れない。DAN さんの夢は続く。

阿蘇うま牧場

`http://aso-uma.com/`

阿蘇市永草1290-1

住家被害認定調査・不動産鑑定士、佐藤麗司朗氏と

地震被害にあった被災者の生活再建に直結する職業が２つある。建築士と不動産鑑定士だ。建築士は応急危険度判定を行い、そこに住む人の生命の安全を守り、鑑定士は罹災証明書の発行に必要な住家被害認定調査を行い、被災者の財産を守る。この住家被害認定調査を正確にできるのは、内閣府の規定に基づいた研修を受けた自治体職員と東京都の不動産鑑定士の一部だけという。私は2016年5月の連休中に多士業チームの方々を案内した際に、佐藤さんと出会った。彼は5月のほぼ半分を阿蘇で過ごし、各地から被災した自治体の応援に来ている行政職員に対して住家被害認定についての研修を行ってきた。彼の活躍が表に出ることはないが、その献身的な活動により、調査がスムーズに行われるようになり、住民と行政の対立は避けられた。その功績を多くの人に知っていただきたいと思い、ここに記す。

講義中の佐藤さん（写真提供：つかさ不動産鑑定事務所）

被災者の二重ローン問題

　佐藤さんは、本震直後から9回も阿蘇に派遣された不動産鑑定士だ。鑑定士としてはおそらく日本で初めて、住家被害認定調査の一次調査、罹災証明書の発行、二次調査と全てのプロセスに関わった人物である。

　熊本地震が起きる以前の2014年より、彼は東京都の要請を受け、首都直下型地震を想定した災害時の住家被害認定調査を行う調査員の養成研修を行ってきた。そして熊本地震が起きると、公益社団法人 東京都不動産鑑定士協会の代表として熊本に支援にやってきた。

　本震発生後、「自然災害による被災者の債務整理に関するガイドライン」の利活用が被災者に案内された。銀行の住宅ローンで家を建てた人が災害に遭い、住めなくなった家のローンとまた新たに再建する家のローンを2つ支払うことはとても困難であるからだ。

　阪神淡路大震災が起きた際も、住宅や事業用の二重ローンが問題になった。しかし当時は「自然災害は自己責任」、「住宅の確保は個人の問題」、「私有財産は自己責任」という解釈があり、ローンの減免や住宅再建・補修費用に対しての公的な金銭の支給はなかった。

　この問題を解決するべく、被災者への公的支援を求める声が高まり、

市民団体や研究者・著名人らによる全国的な署名運動がおこるなど、個人に対する公的保障を求める運動が活発化、全国知事会なども動き始めた。これらを受け、1998年に「被災者生活再建支援法」が交付された。

2004年の改正で「居住安定支援制度」が新設され、住宅本体だけでなく周辺の居住関係整備も支援対象となり、2007年に現行法に改正された。この改正で手続きが簡素化され、実費方式から定額支給の見舞金方式に変わり、「基礎支援金」と「加算支援金」の区分に改められた。そして敷地に被害が生じた場合に、やむを得ず住宅解体に至った場合も全壊扱いとなるなどより被災者の立場にたった内容に変わった（この問題に関しては津久井進弁護士執筆の『大災害と法』（岩波書店、2012年）を参考にしてほしい）。

被災した住民と行政職員のために

不動産鑑定士は全国で6,000人弱。そのうち熊本に事務所を構える者は45人しかいない。今回の被災した住宅は、全壊が8,125棟、半壊が28,424棟、一部破損が133,140棟といわれており、県内の鑑定士だけでカバーできるような状態ではなかった。

南阿蘇村には、家の傾きだけでなく地盤の隆起や陥没、液状化についても被害判定するという独自のルールがあった。また、熊本県が導入していた被害認定調査システムは、東京都のシステムと同じものだった。そのため、東京都不動産鑑定士協会が熊本県を支援するというフローが定められていた。

経験したことのない不慣れな業務に、阿蘇市では罹災証明書の発行窓口が初日の午前中にパンクした。証明書の発行だけでなく、証明書の使い方や相談に発行窓口で対応したため、一人あたりにかかる対応時間が長くなったからだ。地震の被災者は同じ時期に複数発生する。そして被災者それぞれが税金、土地の境界、住宅ローン、建物補修・解体など一

人ひとり違う問題を抱えている。例えば窓口の横で士業の無料相談会があったとしても、そこに鑑定士がいなければ、地震前と後の不動産の資産価値が算出できず、被災者ニーズに応えることに限界がくる。だからこそ大規模自然災害のときには、複数の士業がチームとなって被災者支援をすることが重要なのだ。

　普段であれば、ゆっくり時間をかけることができるので単独の士業でも十分に対応できるが、発災直後の生活不安を抱いている中で、被災者がいろいろな業種の相談窓口をたらい回しにされるのは、時間も費用もかかり、地震の直接的被害に加え、さらに精神的に追い詰められてしまう。現場に立つ佐藤さんは、そう感じたという。

　佐藤さんら東京都不動産鑑定士協会は、生活再建問題に直面している被災者と、不眠不休の行政手続きで疲弊している行政職員の双方を支援することが、一日も早い復興につながると考え、熊本で多士業相談会ができるよう各方面に働きかけ、奔走した。その甲斐あって、ワンストップで相談できる8士業相談会が、熊本でも9月からスタートすることになった。

被災地での悲しみと喜び

　佐藤さんは、阿蘇での支援活動中に残念に思うことが一つだけあったという。

　佐藤さんら不動産鑑定士は、普段の業務を中断してまで、被災地のために尽力していたが、南阿蘇村の罹災証明発行が始まるという情報を聞きつけたマスコミが、当日の会場で、村の人たちに「何か行政に対して不満はありませんか」と聞いて回っていた。彼にもレポーターのマイクが向けられ、「行政に不満がないか？」と質問され、ニュースでも放送された。佐藤さんらは、自治体のあら探しをして被災者との対立を煽る構図を意図的に作ろうとする報道機関の姿勢に怒りがおさまらなかったそ

うだ。

一方で喜ばしいこともあった。佐藤さんは、村を何度も訪れるうちに南阿蘇の魅力に心身を癒やされたという。彼が来るのを心待ちにしていた村人は、手作りの饅頭でもてなした。夏の暑い盛りには、東京の人工的な木陰とは全く違う、別次元の涼しさを作り出す自然の豊かさに、仕事の疲れも楽になったと言っていた。

公助を待つのではなく、自助と共助を始めよう

最後の派遣のときに彼が言った言葉が、私の心に強く残っている。

「大災害を乗り越えて復興するためには、普段から顔の見える関係性を構築する事が必要だ。他の地域からの支援を受け入れる力、すなわち受援力があるかが、これから重要になってくる」

彼は自助と共助が重要だと考えている。国が疲弊しているこの厳しい時代において、公助にばかり期待することは得策ではない。

困難な時代だからこそ、様々な自助と共助活動を連携することで、局面を乗り切っていこうというのが佐藤さんの考えだ。誰かが助けをさしのべてくれているとき、その支援の申し出を断ることは、被災者の生活再建が遅れるということを考慮する必要がある。私たちは日本という同じ国で、2010年代という同時代を生きている仲間なのだ。

佐藤さんは発災してから約5ヶ月後の9月には、既に後進の育成を終了していた。彼の情熱を受け継ぐ鑑定士たちが、今後自然災害が発生した際に活躍できる準備は万全だ。

これからは、業種の垣根を超えた共助活動が被災者の生活再建に密接につながるだろう。もしあなたの友人やあなた自身が被災したら、気軽に多士業相談会を利用してほしい。不動産鑑定士だけでなく、一級建築士、弁護士、中小企業診断士、司法書士、土地家屋調査士、技術士、行政書士、税理士、公認会計士、弁理士、社会保険労務士、防災士、技術

士など、様々な士業の有志たちが、被災地を支援するために日々努力している。被災者一人では解決できない問題が立ちはだかっても、きっと彼らが道を拓いてくれる。

不動産鑑定士の方々（写真提供：つかさ不動産鑑定事務所）

つかさ不動産鑑定事務所
http://www.tukasa-rea.co.jp/
東京都豊島区池袋4-24-3　武川ビル1階

「みなみあそ暮らしラボ」主宰、峰松菜穂子氏と

私と峰松さんは南阿蘇村の共通の友人を介して知り合った。彼女のそばにいるとなぜかリラックスできる。彼女のボランティアのスタイルがとても自然で、長く続けるのにとても有効な方法だと感じた。誰もが瓦礫除去のような力を使うボランティアができるわけではない。今回の地震で彼女は個人を単位に行動し、できるときにできる範囲でというスタンスを崩さず、活動を続けていた。彼女のやり方は、ボランティア経験が少なくても実践しやすい方法だ。

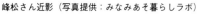

峰松さん近影（写真提供：みなみあそ暮らしラボ）

食への興味からはじまった田舎暮らし

峰松さんは熊本市内で生まれ育った。もともと食に興味があり、大学

卒業後は飲食店や青果市場で働くなどしていたが、東日本大震災をきっかけに念願だった自給自足の暮らしを実現するため、南阿蘇村見瀬地区に家族で移住した。南阿蘇では畑で季節の野菜を作り、田舎暮らしを楽しんでいた。そして子育てする中で、先人たちの暮らしの知恵や技に出会い、それらを次の世代に伝えていきたいと考え、「みなみあそ暮らしラボ」を主宰した。

彼女にとっても今回の地震では本当にSNSが役に立ったという。震災発生後の彼女の通信手段は、イオンモバイルの格安SIMを入れたスマートフォンだ。イオンはドコモの通信網を使っており、本震直後も見瀬地区では不通になることはなく、実家との連絡も取れた。彼女は2016年4月18日に地域のスマホユーザー約20名でLINEのグループを立ち上げた。

LINEのグループ機能が使えるようになると、その場所にいなくても「今、久木野小の体育館で支援物資の配布をやっているよ」という情報をネットにつながっているメンバー全員に即時に拡散できた。そのほかにも、Facebookで南阿蘇情報発信ページを立ち上げ、約340名の人たちと南阿蘇の情報を集約・共有する活動を、SNS上で4月20日から8月31日まで、毎日行った。

峰松さんのSNS活用方法

本震直後、峰松さんは、地区を一軒一軒回って誰が何をいくつ必要としているかというニーズ調査を区長と手分けして行い、支援者へSNSを使って情報提供していた。

4月19日にはのちの足湯ボランティアにつながることを行った。整体を学んだ仲間4人で南阿蘇村社会福祉協議会を訪れ、避難されている方々や家に帰れず疲労困憊して休んでいる職員へ疲れを癒やしてもらうためのマッサージを施したのだ。

4月20日になると自宅周辺の土砂崩れの危険が高まり、峰松さんとお

熊本地震日記　後編　広がる支援のネットワーク　| 163

子さんたちは友人の誘いを受けて兵庫県へ一時避難した。兵庫では、市民発電所を運営している「宝塚すみれ発電」の協力で、峰松さんが感じた災害時に役立った情報や生活の知恵を語る場が設けられ、神戸新聞などを通じ兵庫県民へ阿蘇の被害状況を伝える語り部として掲載され、反響を呼んだ。

足湯ボランティアの始まり

　ほどなくして土砂崩れの危険が去り、峰松さんは阿蘇へ戻ってきた。そして6月に整体仲間と集まって話し合った。「同じ南阿蘇でも立野・長陽と自分たちの住む久木野では全然被害状況が違う。外部ボランティアがいなくなっても、無理なく継続できることを気長に続けよう。自分が身につけた整体の技術でボランティアをしよう」。そして仲間4人で団体を立ち上げた。「生活の糧を得る仕事は道路が復旧するまでできそうにない。ならば被災者が楽になることに重きを置きたい」。峰松さんが地域の人たちのために足湯ボランティアがしたいとFacebookで表明すると、当初4人だった仲間は16名まで増えた。

　足湯ボランティアの内容は1回2時間の枠をとり、前半1時間で足湯に浸かり、避難生活で固まった身体をほぐす。後半はスタッフも参加しての茶話会だ。峰松さんが沢津野の公民館を訪れたときのことだった。会場では、幼い頃から近所だったおばあちゃん同士が震災後2ヶ月ぶりに再会し、生きていた喜びを分かち合っていた。足湯とマッサージでリラックスし、身体の疲れを取ることも大切だが、自分の抱えている気持ちを言葉にして吐き出すことで心が整理されていくと彼女は考えているそうだ。

　足湯ボランティアの活動はシンプルだ。必要なものはお湯を入れるバケツ、タオル、精油、茶話会で使うお茶の葉やお菓子だけでいい。支援物資で頂いたものもあるが、活動に使ってほしいという篤志家からの支援金や南阿蘇のボランティアセンターからのタオル提供もこの活動を支

えている。彼女は「活動に使ったのは、時間と手間とガソリン代だけ」
とほほえむ。たくさん支援金を頂いても、そんなにお金のかかる活動で
はないから必要ない、とお断りする。

被災した人と同じ目線で

　そんな峰松さんとって嬉しいことは、この活動を通じて周りにやさし
い人たちの輪ができたことだという。彼女は相談を受けると、子育て中
の親子のために支援物資の配布会を開いたり、靴や子ども服、食器など
を被災者に届けたりすることも行った。

　「どの活動に関してもスペシャリストではないが、ちょっと頑張ればで
きることをしているだけ」と彼女は謙遜しているが、一つひとつの活動
や出会いを大切に積み重ねている。

　そんな彼女の努力が着実に実を結んで、足湯ボランティアへの理解が
少しずつ村の人たちに浸透している。

　彼女の先人たちの技を伝える「みなみあそ暮らしラボ」と並行して、
足湯ボランティアの活動がこれから本格的に始まるだろう。彼女の自然
体の活動は続く。

みなみあそ暮らしラボ
　　`https://www.facebook.com/minamiaso.kurashi`

被災木造家屋の構造計算・耐震補強計画の建築士、堀田典孝氏と

堀田さんは、私が2016年5月に阿蘇市の被災地域を案内したグループに参加していた。彼は木造の構造設計が専門の建築士で、兵庫県を拠点に活動している。私は、しゃべり出したら止まらない彼の関西弁と建築にかける熱い思いにふれて一気に仲良くなった。私は建築の素人だが、ガレージを自分で建て、家屋の補修はできるかぎり自分でやるので、大凡の理屈は理解できるつもりだった。しかし、建築士といっても、意匠系や構造系といった得意とする分野が人により違うことを知らなかった。うちの店舗（以下、店）の耐震補強相談をある建築士にした際、図面に違和感を覚えた。その図面はすべての柱を補強する計画で、既存のどこに問題があるのかが私には理解できなかった。単純に評点を1.0にするには骨格を固めないといけないという教科書的な回答でしかなかった。私はお金を払って依頼するなら信頼できる人に頼みたいと思い、堀田さんに連絡をとった。彼は建物全体のバランスを見ながら計画変更を行ってくれた。

建物補修相談で図面を書いて説明している堀田さん（撮影：井芹千恵）

古い木造家屋の弱点

　店は昭和56年の新耐震基準以前に建てられたものだったが、堀田さんは建物の築年数と工法を目視で再確認した。店の特徴は、柱と梁の接合部にホゾと呼ばれる2つの木を凸と凹に加工して繋げる方法が使われており、度重なる地震で強い力が加われば、凸部分が壊れることを教えてくれた。また筋交いが入っていることを確認できたが、筋交いの止め方が釘だけなので、引っ張られる力に弱いことも知ることができた。その結果、店は、当時としては良い工法が使われているが、余震1000回を超える地震には耐えられないのではないか、という診断が下りた。

熊本地震日記　後編　広がる支援のネットワーク | 167

店は解体の必要まではなかったが、次に強い地震が来たときに耐えられる保証はない。そこで、できる範囲で補強をしようと決まり、詳細な図面を起こすため、事前に現場を見た上で、情報が足りない箇所の写真を撮影した。最終的に、私が彼に送った写真は400枚以上になった。

耐震補強計画の施工の問題

しばらくして補強計画が完成した。計画では建物の重心となる場所を考慮して、全体のバランスが考えられていた。家の形が違うので、もちろん一階部分と二階部分で重心は異なる。しかも窓が多い造りだったので、建物の角に弱い場所があった。筋交いが入れられない所にはステンレスブレースという特殊金物を利用し、基礎と柱をアンカーで連結するなど、建物のねじれも考えられた計画だった。

問題はこの設計で施工できる工務店が熊本阿蘇にあるかということだ。地震直後から建築業界は特需のようだった。特に瓦屋と板金屋は発注しても納期がいつになるか分からなかった。屋根工事の業者の数は少なかったので、業界全体がパンクしており、県外の業者が熊本に事務所を構えて営業を始めていた。もちろん金額も青天井で、普段の2倍とも3倍とも言われていた。

耐震補修の施工ができる工務店を探し始めても見つからず、焦りの色が家族に見え始めた頃、人づてで熊本市内の工務店が候補にあがった。

堀田さんは「現場で作業する大工さんと話がしたい」と言い、熊本に来てくれることが決まった。だが当日、大工さんは現れず、工務店の社長の息子さんが来て、とりあえず打ち合わせが始まったが、息子さんの表情は硬かった（依頼した工務店は、ここまでの耐震補修工事の経験がないことを後日知った）。

熊本は地震が少ない地域といわれていたので耐震補修工事の需要が少なく、自治体の耐震補修に関する補助金も少なかった。平成27年の段階

で、阿蘇市での耐震補修への補助金を受けた工事は年間2件だけだった。地震に対する備えが万全な者はほとんどいない状況だったのだ。

目標の評点を下げて工事費を抑える

さらに重大な問題が起きた。設計通りに工事をした場合の見積りが、ものすごい金額になってしまったのだ。慣れない作業のため、工事単価が関西に比べて割高になっていた。家族会議を開いても事態は収集せず、家族関係も険悪な状況になった。

打開策は評点（※1）を下げて、工事代金を下げることだけだ。実際に耐震補修を行うときに、大阪などの都市部では評点1.0とすることが物理的に難しい場所があり、その場合は評点を0.7（※2）に下げても、建築許可がおりる地域がある。店も1.0は無理でも何もしないよりましだろうという結論に達し、再設計を依頼した。そして再設計案とともに、施工担当者へアンカー施工法の説明などがなされ、工事が始まった。

建物のすべての壁を剥がし、内部構造が見えるように丸裸にする。そして土台と基礎の部分は基礎コンクリートにアンカーを打ち込んで、土台・基礎・柱脚部分を引き寄せボルトで固定する。また柱脚と柱頭は建築金物をビス止めして、引っ張りに対して耐えられるようにする。窓が多いコーナーは窓を潰して耐力壁にする。広い座敷部分は空間を支える柱が足りないので、タスキ掛けに筋交いを入れて、見栄えを良くするために木で目隠しをした。

このような大規模改修は店を建ててから初めてのことで、かねてから念願だった車椅子で移動できる空間を広くするために座敷をつぶして土間を広げ、トイレをバリアフリー化し、おむつ交換台を男女問わず使える場所に移設した。

壁を剥がしてみると、切欠きがあり、釘で止めてあるという効果がない筋交いも見つかり、工事終了までかなりの時間がかかったが、8月中

旬にはほぼすべての工事が完了し、結局夏休みには間に合わなかったが、店は9月3日に営業再開することができた。

※1 耐震診断の結果のこと。一般財団法人 日本建築防災協会が「木造住宅の耐震診断と補強方法の一般診断法による上部構造評点の判定」においてその数値を定めている。

※2 上部構造評点 0.7 の数値は、大阪市制度概要資料による。http://www.city.osaka.lg.jp/toshiseibi/page/0000256544.html

建物補修無料相談会につながる

　紆余曲折あったが、地震被害で負傷するお客様が出ないように最善の策を尽くせたというのが、私たち家族の気持ちだ。今回のことでこれから店舗や家を建てるときは、家のデザインだけでなく、構造的な強さや地域の特性に合わせた工法など複合的に考える必要があることを学んだ。

　堀田さんとは今回のことが縁で、さらに話をするようになった。そして彼の木造建築に対する知識を被災者支援に役立てようと、私と妻で被災した建物補修無料相談会を開いた。堀田さんに予め募集していたお宅を訪問して、被害状況を調べた。必要があれば畳を上げて床下にも入り、屋根裏も見た。そして一軒一軒の被害状況とそこに住む方の意向を伺い、どのように改修するのが良いか、建て直しや解体も視野に入れて相談に応えた。

　依頼者の建物への不安を取り除くために、一軒あたりに要する相談時間が1時間はすぐに超え、相談会は日没まで続いた。

　今回の地震で、家造りの概念が変わったのではないかと、私は思う。大手メーカーだから大丈夫だという保障はない。耐震設計も診断用ソフトがあり、単に評点を1.0にするためならば、ソフトで数字合わせをすれば、それなりのものが出来上がる。だが材料特性など複雑な要素が絡んだ建築は、ソフトだけでは解決できない問題がある。極端な例えだが、

意匠系が皮膚科・形成外科とするなら構造系は整形外科だ。大きなくくりでは同じ医者だが専門分野は全く違う。構造系建築士の活躍できる場が広がっていくことを応援したい。

和六waroku一級建築士事務所
http://www.ne.jp/asahi/waroku/archt.office/

■補足資料：建物のバランスチェック・耐震補強について

補足資料文責および作図：堀田典孝（和六waroku一級建築士事務所）
図1のような建物があると仮定します。

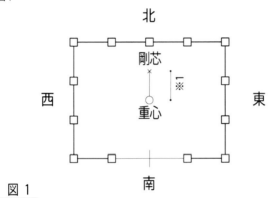

図 1

※1：剛心と重心の距離

　□は柱、柱間の線は壁、南側の真ん中は出入り口（建具）とします。柱と壁の重さは同じで、窓の重さは壁2枚分の重さと同じとします。建物の壁は全て耐力壁とし、壁の強度はどれも同じとします。

　建物には建物全体の重さの中心である重心と、耐力壁の位置から算出した外力に抵抗する力の中心となる剛心があり、図1の条件の建物の場合、重心は建物の平面形状の中心にあり、剛心は南側の耐力壁より北側

の耐力壁の数が多く、西側と東側の耐力壁の数は同じなので剛心の位置は図1のように北側よりの位置に存在することになります。

図2

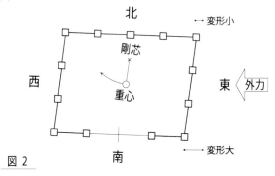

図2

　ここで、図1の建物に東側から外力が作用すると図2のように変形します。
このとき、建物は剛心を中心に重心部分が図2のように円を描くように回転しようとするので、建物の南側の変形は北側に比べ大きくなります。
　南側の変形が大きくなる理由は、北側と南側の耐力壁の数に差があり、耐力壁がバランスよく配置されていないことで剛心と重心の位置にズレが生じ、その結果回転による変形が南側にもっとも加わるからです。
　剛心と重心の位置のズレ=距離を「偏心距離」といい、偏心距離が大きいほど建物の変形は大きくなり、構造部材の損傷、耐力壁の耐力低下から外力の集中を招き、建物が倒壊する原因になることもあります。
　このような建物の倒壊を防ぐためには、偏心距離を少しでも小さくすることが効果的です。次に偏心距離を小さくする方法を説明します。

偏心に関する補足説明

平成12年（2000年）の建築基準法改正で木造住宅の偏心率は0.3以下に規定されました。偏心率とは重心と剛心のへだたりのねじり抵抗に対する割合と定義され、その数値が大きいと偏

心の度合（偏心距離）も大きくなり、回転による変形が建物に生じるので好ましくない事を表します。
偏心率0.3以下で設計し、偏心率が0のとき偏心距離も0ということです。

|||||||||||||||||||||||||||||||||||||||||||||||||||||||||||||||||||||||||||||||||||||||

図3

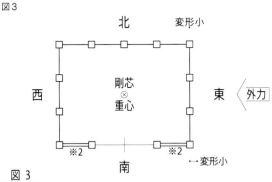

図3
※2：「プチ耐震補強」で耐力壁の耐力を2倍に補強した壁。
剛心と重心を合わせる様に補強することで変形を揃える。

　図1の建物の様に重心と剛心の位置がズレているのは、南側の耐力壁が北側の耐力壁と比べて2枚少ないことが原因なので、図3のように南側の耐力壁の強度を2倍にすることで、偏心距離0＝偏心率0に改善することができます。
　具体的には図1の南側の2枚の耐力壁が構造用面材の場合、建物外部と建物内部に構造用面材を設置すれば2倍の強度の耐力壁とすることが出来ます。
　この様に建物の耐力壁の配置や仕様など、建物全体の状態を把握したうえで新たに適切な耐力壁を設置することで偏心率を0に近づけ、建物の変形を防ぐ補強（補修）を部分的に行うことが望ましいとされています。
　被災した建物をただ単に修理しただけでは地震の度に同じような損傷

を繰り返すことになるので「耐震補強」工事の実施をお勧めしています
が、実際の建物のバランスチェックや補強提案は複雑な作業になるので、
建築士の中でも構造計画、構造設計が出来る建築士に相談することをお
勧めします。

被災家屋へのブルーシート掛けボランティア、阿南志武喜氏と

熊本には、古くから続く「アウトドア＆登山専門店 シェルパ」がある。店名の「シェルパ」とはヒマラヤなどの高山に登る登山家をサポートするネパールの山岳ガイドの呼び名だ。私は中学生の頃、山登りに興味を抱き、この店に出入りするお客さんやスタッフと一緒に山へ行くようになった。この店では山に登るお客様のために「自然を愛する会」という団体を設立し、阿蘇の低山からヨーロッパアルプスまで、山に登る喜びをお客様と分かち合ってきた。私が30年前にフリークライミングというものを知り、ボルダリングや宮崎の比叡山といったロングルートを登るきっかけを作ってくれた思い出のある店である。

ブルーシート掛け（左）とシェルパに集うボランティアの方々（右）（写真提供：自然を愛する会）

阪神・淡路大震災から始まった活動

　「自然を愛する会」が災害ボランティア活動を始めたきっかけは阪神淡路大震災だった。発災当時、志武喜さんの御父上である阿南誠志会長はチラシを手作りし、新聞折り込みでボランティアを募集した。そしてマイクロバスに燃料や食料、水を積んで神戸まで自走し、炊き出しを行った。3回目の炊き出しに参加した、当時高校生だったの志武喜さんはそのときの炊き出しに集まった人たちを忘れることができないという。その後も新燃岳噴火で屋根に積もった降灰の処理、東日本大震災の炊き出しや泥の掻き出しなど自然を愛する会はボランティア活動を行ってきた。特に決まりがあるわけではないが、「自然を愛する会は、大災害が起これば、利害関係なく被災者支援のために活動する」という軸はぶれない。

仲間を助けるという共助

　今回の地震で、「自然を愛する会」の益城・西原・南阿蘇在住の会員が多数被災したため、志武喜さんは、まずは山に登る仲間を支援しようと立ち上がった。会員に電話をかけて安否を確認し、困ったことがないかを尋ねた。そして、益城町赤井地区を拠点に、壊れた屋根にブルーシートをかける活動を精力的に行った。このブルーシートをかける様子は日本テレビの「スッキリ!!」でも取り上げられ、問い合わせの電話が店に相次いだそうだ。だが、志武喜さんはこの活動はあくまでも会員さん優先の活動であり、普段から助け合ってきた仲間を重視するというスタンスを崩さなかった。

　地震で屋根が被災した建物は、雨が降れば雨漏りで家財がだめになってしまう。台風が数多く通過し、梅雨の雨量も多い熊本では、雨風を防ぐことは重要な問題だ。畳が濡れてしまうとカビが生えて使い物にならなくなる。タンスなどの家具や電化製品も水濡れは厳禁だ。そして雨が降り込む家で暮らすのは、雨漏りを受けて溜まった水を捨てたりする作

業があり、高齢者にはとても大変なのだ。愛する会の会員が屋根工事業者に聞いたところ、応急処置をするのに300人待ち、阿蘇地域では2年待ちという回答だったという。

登山技術を活かす

そこで愛する会は登山技術と道具を使ってブルーシートをかけるボランティア活動を開始した。屋根に上るのはクライミング経験豊かなスタッフや会員からなるボランティアの人たちだ。愛する会の若手会員を中心にSNSで情報が拡散され、活動を知った大阪の医師も応援に駆けつけた。宮崎と鹿児島にある「シェルパ」の支店からもボランティアやスタッフがバスを乗り継いで応援に来てくれた。多いときには1日50人のボランティアが新屋敷の「シェルパ 熊本本店」に集まり、普段山に行くときに使っているバスで毎日益城へ通った。

ブルーシートをかける手順はこうだ。

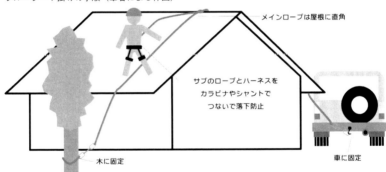

ブルーシート掛けの手順（筆者による作画）

まず屋根を見て、伸縮性が少ない太さ11ミリのクライミング用ロープを、屋根の形に合わせてメインロープとしてかける。このとき、ロープは尾根に直角になるようにする。

次にアンカーとなる立ち木や車のボディにカラビナとスリングを使って固定する。この作業は特に重要なので、志武喜さんら経験者がロープの張り具合を必ず確認する。
　そして屋根の高いところで、枝となる別のロープをメインロープに結束する。
　作業者は、その枝となるサブのロープに作業者がつけている登山用ハーネスとシャント（上方向へだけ移動できる落下防止登攀具）を使って落下防止対策を行い、作業する。もちろんヘルメット着用だ。

シャント。ロープを通して使う登攀器具。テンションがかかると止まる構造になっている（筆者による作画）

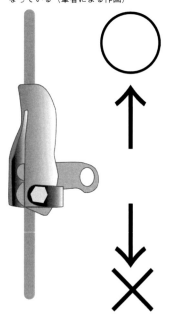

　活動を始めてからゴールデンウィークまで、志武喜さんらは毎日益城へ出かけた。その後、5月末までは土日のみ、6月は日曜のみとニーズが

減っていくにつれ活動そのものは縮小してきたが、延べ80軒近くの屋根にブルーシートをかけ続けた。このブルーシートは様々な人たちの善意のあらわれだ。また、愛する会の会員の中には屋根登りはできないけれど被災した仲間を応援したいという人々がいて、支援金やブルーシートそのものを提供してくれた。そのお陰で、被災者の費用負担は全くなかったという。

　赤井地区では地震で納屋が倒壊して農機具が出せなかった農家がたくさんあった。そこで愛する会では、解体作業だけではなく前を向いていこう、というポジティブな試みとして、ボランティアと地域の人たちが一緒になって田植えをし、秋の五穀豊穣や復興を願う活動も始めた。

緊急時のエイドステーションとしてのショップ

　緊急時に必要なものを適正な価格で販売することは、とても重要だ。「シェルパ」は、登山用品店としては本震の2日後から営業を再開した。燃料や食料を買いに来る被災者だけでなく、阿蘇で寝泊まりする電力各社の人たちがテントや寝袋を買いに来たという。本震直後は福岡の会員から提供してもらった500リットルの水を店舗前で配布したこともあったそうだ。また不要になったテントや寝袋をSNSで募集し、集まったキャンプ用具を車中泊の人たちへ配るという活動も行っていた。長期化する車中泊の人たちにとって、手足を伸ばせて眠ることができ、他人の視線を気にしないで過ごせるテントは大いに役立った。

　志武喜さんが今回の地震で感じたのは、「人は道具がなければ何もできない」ということだったそうだ。山に登ってキャンプをする経験があるからといって災害に強いわけではなく、本当に体一つで避難しなければならないときに持ち出す荷物と避難生活で使う道具について、考えさせられたという。

受け継がれる精神

　また、志武喜さんらがボランティアとして自由に活動できたのは、店を守ってくれる他のスタッフの頑張りがあったからだ。ボランティア活動は誰もができるわけではない。ボランティアをする本人の周囲には職場や家族など様々なバックグラウンドがある。誰かが後方から支援をすることで、初めてボランティアとして動くことができる。私も子どもが小さいときには全く動けず、もどかしい思いをしたことがあった。今回の地震では、自宅の店が営業できなくなってしまったことにより、家族が子どもと遊んでくれたため、私も活動ができたので、その状況がよく分かる。

　そんなスタッフや家族の後ろ盾が常にあるから、「自然を愛する会」のボランティアたちは何か起こったときに即行動できる。彼らは登山という苦楽をともにした同志だからこそ、仲間が困ったときに助け合うことができるのだ。

　そして志武喜さんたちの頑張りを見ている若い世代が、愛する会の精神を受け継いでくれるはずだ。阿南会長が育ててきた自然や人への愛の精神は自然を愛する会とともに大きな一本の樹となって、確実に成長している。

アウトドア＆登山専門店 シェルパ（熊本本店）
　`http://www.renzan.net/`
　熊本市中央区新屋敷1-14-30

建築家によるコミュニティデザイン「南阿蘇プロジェクト」のメンバーと

私が仕事を探していた2016年4月頃、東京に引っ越したデザイナーの友人と話す機会があった。彼女は、仕事の紹介はできないけれど、コミュニティデザインで有名なstudio-Lのスタッフが南阿蘇復興のために地元の建築家とプロジェクトを立ち上げようとしているという話をしてくれ、その建築家と私をつないでくれた。それが「南阿蘇プロジェクト」に私が関わるきっかけとなった。

戸惑いながらの初顔合わせ

南阿蘇村出身の建築家は藤本誠生さん。そしてstudio-Lの方は内海慎一さんだ。二人にFacebookで連絡を取り、南阿蘇村だけではない阿蘇市の被害の状況も知ってほしいという希望を伝えた。私が参加することに二人はもちろん承諾してくれた。

私は緊張しながらも5月の第1回ミーティングに参加するために熊本市内の貸会議室へ向かった。若手建築家やデザイナー、NPOの理事など総勢20名ほどのメンバーが続々と集まってきた。私は建築家の方々の白いシャツに黒いパンツという制服のようなスタイルに、多少戸惑いながらも、苦手な名刺交換を始めた。

久しぶりのブレインストーミング

studio-Lの内海さんがファシリテーター（進行役）として、この会を取り仕切ってくれた。まずはアイスブレイクで皆の緊張をほぐしてくれ

熊本地震日記　後編　広がる支援のネットワーク　181

たので、すぐに和やかな空気が会場を包んだ。

4つのグループに分かれて、付せんを使ったブレインストーミングが始まった。このように頭を使う感覚は久しぶりで、少しずつ楽しくなってきた。ブレストなので相手の意見は否定しないという約束を守りながら、地震からの復興について様々な意見が飛び出した。

前半の時間は復興についての案出しと、各グループが何を考えたかを発表した。既に阿蘇で始まっている災害ボランティアの活動とリンクするところもあり、阿蘇で今どんなことが行われているかを私が補足説明する場面もあった。

後半は、前半で出たアイディアをもとに、どのような復興を目指すかといった総括だ。3時間があっという間に過ぎてしまった。

このミーティングに集まっているメンバーは問題意識があって参加しているので、とても建設的だった。被災者からしたら的外れな意見としてとられる話もあるが、単に地震でできた空き地にハコ物を作るという単純な話に流れることはなく、建築を通じて地域をどう再構築していくか、まちづくり・地域づくりを考えた復興の話で盛り上がった。

私はミーティングが終わると、子どもたちが待っているのですぐに帰路に就いた。帰りの車ではワクワクした気持になり、夜風にあたりながら運転したものの、その日は熱が冷めずになかなか寝つけなかった。

続々と立ち上がるプロジェクト

程なくして南阿蘇プロジェクトのFacebookグループが立ち上がった。今回のプロジェクトのメンバーは熊本県内だけではなく、佐賀、福岡、鹿児島など様々な地域から集まっていた。そして各々が得意な分野で活動を開始し、それをFacebook上で共有し、参加できるメンバーが興味のあるプロジェクトで活動する、という有機的なつながりが生まれた。

最初に始まったのはJR小倉駅で開催される熊本地震復興イベントの企

画だった。「南阿蘇プロジェクト」のメンバーである大分の建築家、伊藤憲吾さんのもとに会場の空間デザインの相談が来たことがきっかけだ。地元産の素材を使いたいということで小国杉の利用が決まり、会場で使うテーブルやイスを小国杉で作るワークショップといった、新たな活動も生まれた。

　家具づくりのワークショップは小国郷在住のデザイナー、建築家、アーティスト、木工、施工（大工）、建具、製材所、森林組合などの若手が参加する「OPP（小国プロダクトプロジェクト）」が担当した。また、伊藤さん率いる「伊藤憲吾建築設計事務所」は、こうしたイベントを企画運営するだけでなく、熊本で活動する「矢橋徹建築設計事務所」とともに魅力的な空間デザインも担当した。建築家の方々が、ここまで幅広く活動することに私は感動を覚えた。そして多くのボランティアの参加で開催された復興イベント「がんばれ熊本！　阿蘇復興支援マルシェ『ASO SUMMER CAMP』」は、連日多くの方が訪れ、大盛況だった。

　阿蘇のおいしい恵みを販売する出展者には来場者から賞賛の声が寄せられ、元気と勇気を与えてくれた。そして後日、「南阿蘇プロジェクト」には、主催者から感謝状が届いた。このように運営に関わるメンバーやスタッフ一人ひとりを大切にしてくれる「アミュプラザ小倉」の方の思いにも感銘を受けた。

　また佐賀県のメンバーの満原さなえさん（スムコトデザイン）は、西原村で建物補修相談を行っていた際に、西原村のボランティアセンターで活動する「西原村木もくプロジェクト」という団体とつながった。「木もくプロジェクト」は、収納の少ない仮設住宅の使い勝手をよくするための棚などを、ボランティアや被災者と作るワークショップを行っていた。そこに建築家である満原さんが参加することにより、建築のプロによる相談会を開催することができるようになった。

プロフェッショナル＋ボランティア＝プロンティア

「プロの力を活かしたボランティアで未来を切り開いていきたい」との思いから、「プロンティア」という造語が生まれた。「西原村木もくプロンティア相談会」は西原村の小森仮設団地で開催された。相談会でヒアリングした内容をもとに、仮設住宅で暮らす際に困っていることに対して建築家が相談に乗り、改善に向けて一緒に考えていく。建築家が図面やデザインなどのアドバイスをすることで、仮設住宅の住環境改善を図る。そして、こうした取り組みをきっかけに被災者が建築家と関わる機会を創出し、被災した自宅家屋の相談や、仮設の先にある住宅の修復や建替えの問題など、これからの住まいやまちづくりを一緒に考えていく。それが満原さんの目標だ。

求められるコミュニティデザインの力

その他にも、被災した厳しい現実だけに囚われることなく、阿蘇にもともとある魅力を見つめ直し、改めてその良さを伝えていきたいという思いから「野焼きプロジェクト」が生まれようとしている。建築家は建物を設計するのが専門と思われがちであるが、今回のような大災害の後には、道路を通し、景観をデザインし、町並みやコミュニティを再構築するといった総合的なデザインの力が問われる。「南阿蘇プロジェクト」に集まったメンバーは、そうした様々なデザインのプロフェッショナルたちだ。災害復興のときこそ、防災や自然エネルギー、新しい地域づくりを意識した家づくりが必要なのだ。

今、建築家の幅広い職能が求められている。設計や施工だけにとどまらない地域づくりを「南阿蘇プロジェクト」のメンバーは模索し、自分たちの活動の中で実践し始めているのだ。

たとえばコジェネレーションのようなエネルギーシステムを取り入れる際も、個人の家一軒だけでは難しい。しかし、近隣に住む10軒がまと

まって取り入れることが決まれば可能になるかもしれない。復興の過程でより多くの人を巻き込み、地域を巻き込んでいく。その結果、自然と調和した環境負荷の少ない地域づくりができるだろう。高齢化が進み、過疎化が進む地域にこそ、こうした進め方が必要なのではないだろうか。こうした復興を目指すためにも今後ますますコミュニティデザインのチカラが必要になると、私は感じている。

studio-L
　http://www.studio-l.org/
矢橋徹一級建築士事務所
　http://www.yabashi-aa.com/
伊藤憲吾一級建築士事務所
　http://itokengo.seesaa.net/
満原さなえ（スムコトデザイン）
　http://sumukoto.exblog.jp/
西原村木もくプロジェクト
　https://www.facebook.com/nishihara.mokumoku/

被災した人々の心のケアをするカウンセラー、長野 ニューマン 弘子氏と

弘子さんとの出会いは今から23年ほど前にさかのぼる。東京の友人を介した不思議な縁で知り合い、その頃はブラックミュージックの話で盛り上がった仲だった。その後しばらく交流が途絶えていたが、彼女がIT系のジャーナリストとして活躍している時期に、私はウェブ関係の仕事をしていたことから、ネット上での交流が再開した。SNSの媒体がmixiからFacebookに変わりながらも、緩く長く続いている。今回地震が起きてすぐにシアトルに住んでいる彼女から連絡が来た。大学院で心理学を学んだ彼女は、シアトルでカウンセラーとして活躍しており、8月は私の勤務先の学校が休みなので、二人で福祉や心理学の専門知識を活かしたワークショップを開いて、被災者支援をしょうと決めた。その活動の様子を紹介する。

タッピングメゾットの講義をする弘子さん（筆者撮影）

ジャーナリストからカウンセラーの道へ

　弘子さんは熊本大学を卒業後、東京の出版社で編集者として経験を積み、渡米した。ニューヨーク市立大学で社会学を専攻し、ニューヨークと東京でIT系ジャーナリストとして活躍した。東京で活動していた時期に東日本大震災が起こり、家族でワシントン州へ移住。ノースウェスト大学大学院で心理学を専攻し、卒業後はワシントン州のメンタルヘルス機関でカウンセラーとして勤務している。現在は、うつ病や社会不安障害、統合失調症、自閉症スペクトラムで悩むクライアント対して心理療法を行っている。

被災した故郷のために

　今回シアトルで熊本地震のことを知った弘子さんは、いても立ってもいられなかったそうだ。自分の生まれ育った熊本が二度の大地震に見舞われたからだ。
　大学卒業まで熊本市内で暮らしていた弘子さんは、熊本城の変わり果

てた姿や崩壊した阿蘇神社に愕然としたという。子どもの頃よく家族で
ピクニックに来ていた阿蘇の風景は、地震による土砂崩れで見る影もな
かった。

　彼女は熊本にいる家族、友人、そして被災した人たちのために行動しよ
うと決め、熊本にいる友人らに連絡を取った。私もその中の一人だった。

　連絡を取り合うようになった弘子さんと私は、子どもたちが夏休みの時
期に、被災した親子のためのワークショップをする方向で会場の確保から
準備を始めた。私は現地コーディネーターとして、彼女がワークショッ
プを開催できる場所を探し始めた。候補はいくつかあったが、地震の被
害で利用できない施設も多く、協力を呼びかけた相手先も地震直後の混
乱で、なかなか詳細が確定しなかった。

　弘子さんが帰国する飛行機の便が決まった頃、会場の見通しが立ってき
た。そしてぎりぎりの2016年8月になって、ようやく詳細なスケジュー
ルが確定したのだった。

　弘子さんは夫のリチャードさんと子どもたち2人の4人で、熊本へ戻っ
てきた。私は彼女たちを迎えに空港へ行き、空港からの帰りに、益城・
西原・南阿蘇の被災地を車で通って、まだ手つかずの家屋が残っている
現状を知ってもらった。彼女たちの滞在期間中は、私も家族の一員のよ
うに一緒に過ごした。たまたま私の母方の祖父母の家が空いていたので、
その家をベースキャンプに活動を開始した。海外の携帯が電波の関係で
ネットにつながらず、ここでも格安SIMのWi-Fiルーターが役に立った
ことをお伝えしておく。

ボランティアの方への心理学のレクチャー（筆者撮影）

熊本・阿蘇での活動

　8月10日は阿蘇中学校へ出向いた。阿蘇地域未来塾という学校の先生が主催する学習会へ学習支援ボランティアとして参加した。そこでは午前の学習会の終わりにボランティアで参加している社会人の話を聞くという時間が設けてあったので、この日は、弘子さんの夫、リチャードさんに「やりたいことと働くこと」をテーマに英語で話していただき、弘子さんが同時通訳するというスタイルでのスピーチを行った。

　リチャードさんには、日本マイクロソフトのXbox事業部本部長を務めた経歴がある。中学生にも分かりやすいハードウェアであるゲーム機に関する仕事をしてきた彼の話を、子どもたちはとても珍しそうに目を丸くしつつ、熱心に聞いていた。普段滅多に聞けない話とあって、子どもたちだけでなく周りの先生からの関心も高かった。

　11日は発達障がいの当事者にグループインタビューする機会があった。障がいを抱えながらも、当事者だからこそできるピアサポートを実践されている代表理事の方や、挑戦的なイベントを企画して福祉業界に一石を投じている顧問ソーシャルワーカーの方と話すことで、障がいの受容

やカミングアウト、周りからの偏見など、地震前からある問題を解決していかなければならないことに、彼女と私は気付かされた。

　13日は彼女の大学時代の友人の紹介で、熊本市内の避難所で暮らすひとり親世帯の親子3組とそれぞれ個別にカウンセリングを行った。静かな場所を確保することができず、お盆休みで賑わっている喫茶店でのカウンセリングだったが、それぞれのご家庭の抱える問題をヒアリングし、それぞれの課題解決に向けてのカウンセリングを行った。カウンセリングの最後には、気持ちを変える方法として、嫌な思い出を紙に書き出し、それを破って捨てるという技法も行っていた。

　14日は阿蘇で活動している「NPO法人 ユナイテッド・アース」のボランティアに集まっていただき、被災者と向き合うための心理学の応用についてレクチャーをした。その後、弘子さんは、スタッフ一人ひとりに対してコーチングを行い、ボランティアスタッフの心が折れないよう助言してくれた。

子どもにもできるストレス解消法

　そのほかにも様々な活動を阿蘇で行ったが、シアトルへ出発する前日に彼女は「YMCA赤水保育園」を訪れ、シアトルで日本語を学んでいるめぐみ保育園のパンダ組さんから預かってきたビデオレターと手書きのメッセージボードを、偶然にも同じパンダ組のある阿蘇の赤水保育園の子どもたちに紹介し、嫌な気分になったときに元気になる方法として、おいしいものや楽しいことを思い浮かべる練習を子どもたちと行ってくれた。これは誰にでも実践できる簡単な方法なので、ここに紹介する。

‖‖

嫌なことがあったり、嫌な気持ちに襲われたときの対処法

まず目を閉じて、頭のなかで好きな食べ物を想像します。
思い浮かべたら、それをパクっと食べた自分の様子を思い浮かべます。

どんな味ですか？　もぐもぐしてから飲み込んでみましょう。
美味しいものを食べると、思わず口元がにっこりゆるみませんか？
ゆっくり目を開けてください。
少し心が軽くなりませんでしたか？

保育園でのワークショップの様子（筆者撮影）

Japan Fairでの現地レポート

　弘子さんは熊本・阿蘇での滞在期間中、地震の影響で崩壊した外輪山や田んぼにできた地割れ、地震で破壊された歴史的建造物、倒壊家屋などの写真を撮影し、シアトルで9月に開かれた「Japan Fair」という日本を紹介するイベントで熊本地震の現地レポートを行った。彼女の精神保健福祉分野の専門知識とジャーナリスト時代の経験を生かした活動に、たくさんの注目が集まった。

　彼女は来年の夏には、シアトルの子どもたちを阿蘇に招いてのサマー

キャンプを実現したいと仲間に呼びかけている。海の向こうのシアトルから熊本を応援してくれている弘子さんたちがいつでも熊本で活動できるように、私も受け皿の一つとなり、この広がっていく支援の輪をより大きく太くしていきたい。

Nagano Newman Hiroko
　https://www.linkedin.com/in/hiroko-nagano-newman-4b41

発達障がい当事者会「リルビット」の皆さんと

「熊本地震日記　前編」でも述べたが、私はアスペルガーの当事者である。同じ悩みを抱える人たちに熊本で会えないだろうかと友人に尋ねたときに、この当事者会の存在を知った。この団体の活動は、みんなで集まって話をしたり、カラオケに行ったりする気楽な集まりだと聞いていたが、開催日時が私の生活時間帯と合わず、これまで参加したくてもできなかった。熊本地震後に始まった「リルビット」の共助活動を新聞やSNSで見かけ、私は思わず何か一緒にできないかと連絡した。今回、被災した発達障がい者（以下、当事者）は、発達障がい特有の生き辛さに翻弄されただろう。私は、当事者の生の声を聞いて、当事者ならではの問題を整理し、今後誰かの役に立てればと考え、ここに記す。

地震前から障がい者が抱える問題

　障がいについて考えるとき、それが地震前からあった問題なのか、地震後に発生した問題なのかを考える必要がある。例えば自分の障がいをカミングアウトしているか、していないかで、福祉避難所を利用するのか、一般の避難所を利用するのか、誰にも分からないように自宅避難するのかと、発災直後にも重大な選択を迫られる。

　また、多動性（AD/HDの症状のひとつ。じっとしていられず常に何かしていないと落ち着かない）の特性があると、本人は自分の疲れを意識できない。まだ大丈夫だと思って動き続け、急に限界に達して動けなくなってしまう。自分がどれぐらい疲れているのかを把握することが難しいのだ。

熊本地震日記　後編　広がる支援のネットワーク　｜　193

常々、私も「大丈夫か？」と聞かれると、つい「大丈夫」と反射的に答えてしまう。そして今回も、限界がくると電池切れの玩具のように突然動けなくなった。すると私を頼りにしていた周りの人の予定も狂ってしまい、信頼関係にひびが入るという困った状況に陥ることがあった。

　このように自分自身の障がい理解ができていないと、地震などの自然災害が起きたときに対処できないことがある。もちろん障がいをみんなに告げる必要はないのだが、少なくとも支援者には、障がいの特性だけでも伝えておかないと合理的配慮は望めない。反面、自分の障がいを周囲にカミングアウトしていない当事者にとっては、配慮を願うことはすなわち「自分は障がい者です」と自ら宣言することになり、発災後、急に行うのはとても難しい。

感覚過敏によるストレス

　また、感覚過敏のある者にとって、災害時の環境はストレスに直結する。ヘリやジェット機の爆音。緊急車両のサイレン。避難勧告の臨時放送。緊急地震速報のアラーム音。消毒薬の匂い。食べ慣れない食事の味。プライバシーのない避難所での睡眠。知らない人と一緒のお風呂に入る恐怖に近い極度の緊張感。子どもたちの騒ぎ声。ペットの鳴き声。様々な音や臭い、そしてパトランプや投光器の光などが、ストレスの原因として当事者にのしかかる。

　空調や車の音など周囲の音を吸収するパネルや遮音ボックス（製品名：カームダウンボックス）を開発・販売している「AURAL SONIC」という企業が福岡にある。しかし当事者にとっては、遮音ボックスが避難所に設置されても、それを使うことが「自分は障がい者だ」と暗に明示することにつながるので、気軽に使えない。

　静かに過ごしたい人が誰でも利用できるよう各地の体育館に１セットずつでも設置されるようになれば、当事者が遮音ボックスを公共の場で

使うことができるだろう。そうすればボックスの製造コストも下がり、遮音ボックスのさらなる普及促進につながるかもしれないと感じている。

「カームダウンボックス」について、問い合わせ先は下記のとおり。

AURAL SONIC（オーラルソニック）株式会社
http://auralsonic-calmdown.com/
092-711-0119

自閉症スペクトラムの強いこだわり

地震後、私は、行きつけのコンビニで大好きなアイスを食べるのが日課になっている自閉症の方が、地震で店に商品が届かず、いつものアイスを買えずに騒ぎ出す場面に出くわした。自閉症への理解がない人から見れば、「この非常時にそんなことを言っても……」と思うかもしれない。自閉症の人には強い「こだわり」があり、目の前の事実より、自分の「こだわり」に気をとられ、気持ちの整理がつかないことが多い。だから震災のときこそ、障がいへの理解が必要だ。「みんな我慢しているから、あなたも我慢しなさい」と言われても、当事者にとっては無理なことがある。私もタバコを止めてから、どうしてもコーヒーを飲まないと落ち着かない。贅沢だと思われたかもしれないが、本震の翌朝もキャンプ用コンロでお湯を沸かし、ドリップして好きなコーヒーを淹れて飲んだ。カフェイン中毒なのかもしれないが、飲むと不思議と気持ちが落ち着く。もうこだわりというよりも気分を変える儀式かもしれない。もちろんコーヒーは家族でシェアしたが。

パーソナルスペースの確保

当事者にとって避難所で生活することも大きなストレスだ。定型発達（自閉症スペクトラムに当てはまらない健常者の発達のことを指す）と呼

ばれる人たちに比べて、当事者は広いパーソナルスペースで、一人になる時間が必要だ。

　我が家でも保育園が再開するまでは、朝起きてから寝るまで、子どもたちと一緒だった。当事者でなくとも、四六時中家族といると多少は疲れてしまう。そこで我が家ではテントを設営し、交代でくつろげるようにしたところ、意外と好評だった。特に車中泊の弟家族は、テントで手足を伸ばして昼寝をすることがとてもよい気分転換になったという。

ピアサポートの力

　災害時など強いストレスにさらされている家族が、当事者の気持ちを全否定すると、当事者の自己肯定感が下がり、自傷行為など負のスパイラルに陥る。自分の家が一番安全な場所であるはずなのに、家族関係が悪くなり、居場所がなくなってしまう当事者たちがいた。

　そこで自宅で暮らすことが難しい当事者のために、「リルビット」の理事の一人は自室を開放し、行き場のない当事者の居場所を確保した。その理事の方が、「地震で抑うつ状態に陥らずにすんだのは、共同生活おかげだ」と言っていた。一人孤独で過ごすより、当事者同士で助け合う機能がうまく働いたのだ。このような発達障がい者のためのグループホームやシェアハウスがこれから普及していけばよい。それがピアサポートやピアカウンセリングにつながるのだから。

災害時に役に立ったこと

　服薬している人であれば、緊急時に処方薬が手に入らないときのために、1週間分のストックを避難グッズの中に準備しておくとよい。

　避難生活では遊ぶ場所がほぼなくなるので、子どものお気に入りの本や電池を使わないおもちゃ、ぬいぐるみなどを避難グッズに入れておくことで、子どもたちのストレスを軽くできる。我が家では絵を描くこと

で気持ちを発散できた。そして昼間声を出してもよい場所に連れて行き、歌を一緒に歌うことで、子どもたちは歌の主人公に自分を投影し、勇気づけられ、つらい時期を乗り越えることができた。

車中泊しか選択肢がない人は、公的な支援の輪からこぼれ落ちてしまう。自宅避難や車中泊でも物資が受け取れるよう要援護者リストに普段から登録しておくなどの自助努力も必要だろう。突然地区の自主避難所に行っても、物資の配給を断られることがあったから、余計にそう思う。

そしてテントはとても有効だ。間仕切りにも使えるし、着替えなどプライバシーの確保にとても便利だ。今回の地震では紙の建築で有名な坂さんというデザイナーが紙管と布を使って間仕切りを避難所に作る活動をされていた。当事者にとっては視線や人の気配が気になってしまうことがあるで、段ボールで作るパーティションも覚えておきたい。

また当事者とその家族は、特性を理解され難いために避難所で孤立してしまうことが多い。そんなとき、理解のある人が一声かけてあげるだけで、食事や物資の配給の列に並べない親子の事情を、障がいについて知らない周囲の人にも、少しは分かってもらえるようになる。障がい者の家族に手を差し伸べることは、当事者を救うことにつながるのだ。そして障がい者だけでなく、高齢者、ひとり親世帯、妊産婦、セクシャルマイノリティ、外国人など、地域で暮らすすべての人たちがお互いに助け合える社会が当たり前になるように、ソーシャルインクルージョンに向けて、できることを少しずつ続けていきたい。

困難なときこそ、人にやさしくありたいと思う。

発達障がい当事者会「リルビット」
`https://sites.google.com/site/littlebitkuma/`

阿蘇の写真家、長野良市氏と

私は大学時代に写真の魅力にとりつかれ、撮った写真を家で現像・プリントするほど写真が好きだ。だからこそ、今回の被災地で心ないカメラマンやマスコミ関係者に出会ってとてもガッカリした。彼らは被災者の心情を害する取材をし、取材対象を荒らして帰って行った。その結果、地元で普段から活動している報道関係者が同類と見なされ、その後の地元での活動が難しくなってしまったのだ。阿蘇の素晴らしい風景を一番よく知っている長野良市さんのことは前々から写真集を拝見して知っていたが、お目にかかる機会はこれまでなかった。彼は地震で阿蘇全体が甚大な被害を受け、生活は激変し、地域の歴史や文化が消失することを危惧し、写真集を出版した。その本の名前は『ゼロの阿蘇』。彼は報道写真家として被災した阿蘇を写真におさめ、多くの人に情報発信することに力を注いだ。口コミで話題を呼んだその本は、人づてに１万部を越える部数が販売され、現在では第３号が出版された。私はその写真集を、さらに多くの人に知ってもらいたいと思い、長野さんの事務所を訪ねた。

写真集『ゼロの阿蘇』vol.1〜3表紙（提供：長野良市）

写真の力がボランティアを動かす

　長野さんは南阿蘇村生まれの職業写真家だ。CMや雑誌などメディアの集中する中央集権的な東京から離れ、阿蘇を拠点に活動する長野さんには独自の哲学がある。

　写真のデジタル化以前は、フィルムカメラで写真を撮ることの難しさやジャンルごとの専門性・地域性があるため、プロカメラマンの需要が一定数あった。だが、2000年前後にカメラのデジタル化が急速に進み、誰でもシャッターを押せばそれなりの写真が撮れる時代が到来し、多くの写真家が淘汰される時代がおとずれた。

　写真家にとって厳しい状況にもかかわらず、長野さんは独自の視点で阿蘇熊本を写し続け、このたびの震災では数多くの雑誌の表紙に彼の写真が使われた。

　また長野さんは報道カメラマンとして特に秀でている。今回のような東京から遠い地方で大災害が起きて、報道性が重要視されるとき、フリーランスならば自分の視点で現実を写し撮ることができる。テレビ局や新聞社に所属するカメラマンは、上司の命令で取材対象を決められることが多いが、彼は自分で取材対象を決め、自己責任で現場へ駆けつけること

ができた。その写真は多くの人へ無言のメッセージを投げかけ、それを見て奮い立った方たちが、数多く阿蘇へボランティアとして入ってきた。

それまでの価値観を破壊した地震

長野さんの写真に対する志は、東シナ海を囲む地域を写真で記録するという壮大なものだ。1985年の文化大革命直後の中国に渡り、北京オリンピック当時の黄河長江流域も旅した。そんなハードな撮影をこなす長野さんでさえ、地震に対する認識が180度変わったという。「私は地震というものを甘く見ていた。すべてが一瞬で変わった。 地震は台風のように事前情報がなく、全く予測が付かない」。彼のように報道の世界で生きている人にとっても、熊本地震は人智を越えたできごとだった。

地震によって、長野さんは、彼がこれまで積み重ねてきたものがいっぺんに吹き飛んでしまったという。昔のポジやネガフィルムも倒壊した家屋の下敷きになった。さらに、住まいからほど近い立野、東海大学農学部周辺、京大火山研、地獄温泉、夜峰山など旧長陽村の被害がひどく、彼はその地域で暮らしている古くからの友人たちに対して「自分は何ができるのか？」と自問した。そして彼はこの阿蘇の被害の現状を発信し続けるために立ち上がった。それが「ゼロの阿蘇」の原点だった。

神話が伝える太古の自然災害

長野さんは自然災害と神話の関係性について、かねてより考えていたことがあったという。
「厳しい被災の現況、阿蘇大橋下流の北向山原生林は再生に約200年かかる。それを見届けられるまで自分たちは生きてはいない。阿蘇大橋の架かっていた立野の火口瀬は、太古から活断層の動きが活発でカルデラ湖を決壊させた場所だと考えられている。ここは健磐龍命（たけいわたつのみこと）が蹴り破ってできたという神話があり、健磐龍命が蹴り破っ

てカルデラ湖の水が流れたおかげで阿蘇に田畑が生まれたと伝えられている。

古代より人間のチカラではどうすることもできない自然災害を鎮めるための舞や歌が「神楽」であり、その災害を口伝で伝えてきたものが「神話」である。我々はもっと神楽や神話といった伝承文化が伝えようとしている史実に耳を傾け、古代より繰り返されてきたその地域特有の災害について知る必要があるのではないか？」

と。

「被写体以前」

スマートフォンとSNSの普及により、カメラは凶器としての側面が強化されてしまった。そんな危うい時代だからこそ、私は写真の持つすばらしさを伝えたいと思い、長野さんから写真を志す人へのメッセージを頂戴した。

「人には、生きていることを何かの形で表現したいという欲求が誰にでもある。写真は絵画と同じく非言語コミュニケーションの手段であり、世界共通語の一つだ。ただその使い道を間違えると、写真はとても危険な道具となる。

「被写体以前」という言葉がある。写真を撮る者は被写体に対峙する前に、撮影者自身がどのような人生を歩んできたか、その人の人間性が写真に表れてくることを忘れてはならない。若者であれば恋をし、音楽や書物にふれ、経験を積んで成長する。生きる過程がその人となりを作り、何をどのように撮るか？　つまり何に興味をひかれてカメラを向けるかに影響を与える」

ゼロからの出発

　写真の持つ力は、その写真の先に何があるのかを想像できない人にとっては、とても扱いづらいメディアだ。被写体に対し責任が取れない人は他者にカメラを向けるべきではない。写真に映り込んでいる人や景色、それを見て鑑賞者がどう感じるか、写真の力を正しく使うために、プロにしかできない仕事はプロに任せるべきだと私は感じた。

　自然の驚異の前で我々のチカラはとても微力だが、共に知恵を出し合いながら復興に向けて動き始めている。そんな意味がこめられた写真集「ゼロの阿蘇」の活動は、これからも多くの人に阿蘇の現状を伝えるために続けられる。

　誰かが声を上げなければ、ニュースがすぐに風化してしまう日本において、この写真集のもつ社会的意義はとても大きい。

一般社団法人 九州学び舎

　`http://kyushumanabisha.wixsite.com/home`

　熊本県阿蘇郡南阿蘇村河陽1475-1

再生可能エネルギーの普及活動家、大津愛梨氏と

私は、大津さんと一緒に再生可能エネルギーの一つである「バイオマス」の普及促進というミッションのために、一緒に働いていた経験がある。その頃から彼女はエネルギッシュだった。私が離職しても、様々な分野で一緒に活動する機会があり、これまでも、福祉施設で彼女が作るお米を使ったポン菓子を作り、田んぼファッションショーや世界農業遺産ASOの裏方など、阿蘇の美しい風景を守りたいという共通の思いでともに動いている。今回大災害にあい、お互いエネルギーについて改めて考えることになった。復興とエネルギーは密接な地域再生の問題だ。興味があれば、章末のリンクを参照してほしい。

O2ファームで大切に育てたお米(写真提供:O2ファーム)

エネルギーと食料を作る農村を目指して

　災害ボランティアではないが、普段から自然エネルギーの普及啓発をしている人物が南阿蘇村で農業をしている。O2ファームの大津耕太さん・愛梨さん夫婦だ。二人は大学時代にドイツの農家を見て回り、農家が食べ物とエネルギーを作り出す事実に感銘を受け、日本で景観保全型農業を実践しようと活動を開始した。

　愛梨さんは前にも述べた「九州バイオマスフォーラム」の設立段階から理事として関わり、約三期にわたり理事長を務め、九州で再生可能な自然エネルギーを普及させるために中坊 真事務局長と奔走した経験をもつ。2016年現在のように、高校の授業で再生可能エネルギーやバイオマスという単語が出てくる時代ではなく、まだまだ認知度が低かった時代だ。

　大きなプロジェクトとしては経済産業省のNEDO事業に採択され、阿蘇の野草を使ったガス化発電の実証実験を行った実績もある。また、使用済み天ぷら油を集めてバイオディーゼル燃料を作り、その燃料で次の旅の目的地までトラックで走るというBDFキャラバンを実現するなど、専門家を招いての講演会にとどまらず、様々な普及啓発活動に取り組んだ。

　愛梨さんは、阪神淡路大震災のときに学生ボランティアとして関西を訪れたが、東日本大震災のときはご自身の子どもたちが小さかったため、思うように動けなかったという。今回の地震でも、災害ボランティアとして積極的に活動したわけではないと謙遜するが、普段の再生可能エネルギーの普及啓発活動で知り合った団体や企業から、熊本の彼女のもとに、ソーラーパネルや大容量のバッテリー、空気で膨らませて使うソーラーランタンなど、様々な支援物資が届いた。彼女の家族は近くの親戚や研修に来ている人たちとまとまって暮らしていたが、届いた支援物資を村内の赤ちゃんがいる家庭に優先的に配布するなど、母親目線での支援活動を行った。

熊本地震日記　後編　広がる支援のネットワーク

エネルギー問題の建設的な解決法

　地震が起きて、反原発を唱える団体や個人は今回の地震で川内原発が稼働していることに猛反対していた。私も実際に、九州の地図に地震が起きた地域をプロットしてその延長線上にあるから危険であると、非科学的な発言を多く目にした。活断層は日本のあちこちにあり、延長線上にあるから危ないというのは、地下の活断層の動きがすべて捉えられるわけではないので、純粋に関連があるとは言えないのだ。

　そしてエネルギー問題を考えるときに、原発がなくなったらどうするかを明確にして反原発を訴えている団体は、意外と少ない。原発の問題は、単純に賛成か反対かで片づけられるものではない。原発の仕事に従事している大勢の電力関係者、その原発を維持管理するのに必要な作業従事者、原発周辺に住んでいる住民、原発の電気の恩恵を得ている消費者など、様々な立場の人が複雑に絡み合っている。原発をなくすということは、その人たちの受け皿をどう作るかという問題もある。そして原発が作るエネルギーがなくなったとしたら、その代わりのエネルギーをどうするのか？　その解決策まで考えると対立の構造からは分からなかった世界が見えてくる。そこで、愛梨さんの考えが参考になる。

農家がエネルギーと食料を作り、景観を守る

　ドイツでは、農家が広い土地や畜舎を所有していることが多い。そのため、畜舎の屋根に太陽光パネルを取りつけて太陽光発電し、家畜の糞尿はメタン発酵させてガスを取り出し、風がある地域では風力発電を、水の流れがある場所では小規模水力発電など、その場所に適した方法を使って、エネルギーを作る。農家が食べ物だけでなく、エネルギーを生み出すことができるのだ。それは、日本でも同じなのではないだろうか。

　農家が生み出すエネルギーを売電すれば、天候に左右されがちな農作物を補う安定した副収入が得られ、自然エネルギーの利用が促進され、

原子力や化石燃料の抱える諸問題の解決につながる。

　大きな自然エネルギーのプラントを作ることができれば、そこで雇用も生まれる。また自然エネルギーを導入したい企業や自治体だけでなく、関心がある人たちがその地を訪れてくれることで、エコツーリズムといった観光振興にもつながっていく。自然エネルギーを生み出す農家が増えれば、農業の魅力が増し、新規に就農する人たちも増加するだろう。

　近江商人の三方良しではないが、原発と違い再生可能エネルギーに関わるすべての人たちがハッピーになれるのではないかと私は感じている。

「エネルギーの自給自足」

　電力会社と契約をせず自分で設置した太陽光パネルなどで発電し、ミニマリストのようなシンプルライフを実践している人たちのことを、オフグリッドライフと称して取り上げるメディアが多かったが、電気を極力使わないようにする生活は誰にでも実践できるものではない。だが農村でエネルギーを作るというライフスタイルであれば、日本の風土にマッチした木造建築の良さや、都市部では体験することが難しくなった昔からの生活様式を普段の暮らしに取り入れることで、電気も使いつつ環境負荷の少ない生活が送れると私は考えている。

　最後に、彼女が代表を務める「NPO法人 田舎のヒロインズ」の挨拶文を紹介する。

> **農村が、食べ物だけでなく、次世代や風景、エネルギーを作り出す場所となる社会を目指して**
>
> 　私が就農前に留学していたドイツでは、農村にある再生可能な資源（太陽光、風力、バイオマスなど）で、電気や熱をつくり、エネルギーの自給をしている村までありました。なんでもかんでもドイツが良いというわけではありませんが、農家や農

村の価値や存在が広く、そして高く評価されていることについてはうらやましいなと思いました。

　いろいろな社会問題が浮き彫りになっている日本で、もしこの国から農家がいなくなったら？農村が荒れ果ててしまったら？と考えると、その先は戦争であったり、国民全員のリスクであったりするわけです。田舎に住む私たち自身が自分たちの持つ大きな役割に気づき、それを自分の言葉で伝え、さらに価値を上げるための具体的な行動を起こしていきたい。そんな思いで私たちはアクションを起こせる団体に成長するための一歩を踏み出したのです。都市には都市の役目があると同時に、今こそ田舎には田舎の役目がある。そこに住む女性たちを中心に、より多くの方と共感し、協働できる組織をめざしていきたいと思います。どうぞよろしくお願いいたします。

愛梨さんと子ども（写真提供：O2ファーム）

　今、「田舎のヒロインズ」のように日本の農村の女性たちに注目が集まっている。震災で分断された地域や文化を再生するのは、女性たちのネットワークかも知れない。そして復興の都市計画では、コージェネレーションシステムを実現できるペレットボイラーのような、自然エネルギーを活用した全く新しいまちづくりの考え方が地域再生のカギになるので

はないだろうか。

NPO法人 田舎のヒロインズ
　http://inakano-heroine.jp/
O2ファーム
　http://www.o2farm.net/
熊本県阿蘇郡南阿蘇村両併587

郷土料理店「あそ路」の家族たちと

最後に紹介するのは私の家族だ。私の実家は三代続く阿蘇高菜を使った「たかなめし」が名物の郷土料理店を営んでいる。今回の地震で私がいろいろとボランティア活動ができたのは家族のおかげだ。震災で保育園がなかなか再開せず、毎日ずっと子どもの子守をしなければならない状況であったら、子どものことだけで手一杯で、家庭の外での活動はほぼできなかったであろう。

被災する前の「あそ路」（筆者撮影）

自宅避難所で強まる家族の絆

今回は、私の両親と私の家族に弟の家族と3家族で一箇所に集まって助け合って避難生活を過ごした。人数が増えると食事の支度など大変なこともあったが、仕事を分散させることができたので、メリットが大き

かった。

そして普段あまり一緒に遊ぶことができない我が家と弟家族の子ども同士が、今回は毎日のように一緒に過ごしていたので、一気に仲良くなることができた。そして地震の後からの避難生活でたくましく育ってくれた。

本震直後、子どもたちは怖いというよりも保育園が休みで家族と一緒に過ごせることが嬉しかったようだ。一時期だけ地震ごっこみたいな遊びが流行ったけれど、すぐに今までと同じような遊びに戻った。

道路崩壊による無期限休業

私の両親は昭和40年代から国道沿いでドライブインを営業してきた。今回の地震で一番辛かったのは、両親かもしれない。地震直後、父が最初に気にかけていたのは、ほかならぬ店だった。本震の後も建物は倒壊せずに建っていたのでひと安心だったが、内部は食器や調理用の什器が飛散して歩けなかった。それを見た父たちは、片付ける気力が失せていた。

阿蘇大橋が崩落し、国道57号線が通れなくなったことで、営業再開の目処が立たなくなってしまった。うちの店は平日には国道を通るビジネスマンで、休日には家族連れやカップルなどの行楽客で賑わう店だった。だから国道が通れないということは致命的だった。

衝突する家族

今後の方針を決める家族会議が何度も開かれた。そこでは、店の耐震補強工事をすることも検討された。工事をするには多額のお金がかかるため、時には口論になることもあった。

何とか話をまとめたのは弟だった。店の三代目になる弟は、両親と私の間に立って、粘り強く話をまとめてくれた。両親は、仁義を重んじる性格である。論理的な思考を好む私にとって、両親の「知り合いの紹介だ

から断れない」という考えは全く賛成できず、どうせ同じお金を使うのならベストの選択肢を選びたいという点で、たびたび衝突した。結局弟が両親を説き伏せる形となったが、私も感情的で申し訳なかったと思う。

　父も母も、自分たちが育てた店と味を愛している。母などは仕事が生きがいというほどワーカホリックだった。店が全てだった。また、飲食店自営というのは、店を開けることができなければ収入はなく、逆に固定費がかさむ構造だ。震災で営業できなくなるとは考えていなかったため、二人とも、地震後しばらくはすることが定まらず、辛かったと思う。

　道路沿いの他店は早々に営業再開していた。耐震補強をするという話もあまり聞かなかった。壊れてしまった店舗の修理をしているのはよく聞くが、うちのように壊れていない場所も含めて補強するというのはなかったように記憶している。しかし、補強工事によって営業再開は遅れてしまったけれど、もし今後大きな地震が来てもお客様が安全に避難できるようにという、壁の中で見えないけれども、お客様に対する両親の最大のおもてなしの気持ちの現れなのだ。

復興は普段の暮らしを取り戻すこと

　私の妻は福島県南相馬市の生まれである。東日本大震災では特別避難区域に指定され、妻の両親、兄、甥が阿蘇へ避難し、阿蘇の学校へ通う生活を続けていた時期がある。妻は東日本震災をなかなか受け入れることができなかった。テレビに映る福島の悲惨な映像を見ても、現実感がわかなかったという。2016年2月、311以降初めて、妻は子どもたちを連れて実家へ里帰りした。津波で流され変わり果てた海や田畑を見て、ようやく福島で起きた震災のことを受容できたそうだ。そして、今回の地震を経験した。

　妻は、「復興」とは何かを、深く考えた。福島で見た防波堤のように、寸断された道路が修復され、人々が町に戻っても、それだけではダメだ

ということに気づかされた。彼女の考える「復興」とは建物や町並みが修復されることではなく、被災地で暮らす人たちが「日常の生活を取り戻す」ことだという。

「日常の生活」とは、我が家であれば、毎朝起きて米を研いで出汁をひき、お客様を迎える仕込みをするようなことだ。一人ひとりが普段と変わらない生活に戻り、仕事を通じて社会と繋がる。それが達成されて初めて、復興したといえるのではないだろうか？　迂回路に代わる道路が新たに通って交通量が元に戻るまで、うちの店も売上に悪影響が出るだろう。それでも不便な道のりをわざわざお越しくださるお客様のために地震前と変わらない味とおもてなしをしたいと、私の家族は営業再開に向けて地道に努力した。補修工事のコストを削減するために、解体した瓦礫の運搬は父と弟が行い、震災関連の持続化補助金も家族で申請書を書き上げ、採択された。

4月下旬の頃には営業再開へのめどが全く立たず、私と妻を含め、社員全員解雇となった。しかし、工事関係者の頑張りで9月3日に営業が再開でき、ほとんどのスタッフを再雇用することができた。

店の再出発を祝ってくれたSNSの人々

普段Facebookページへのアクセスは多くても一日2000ほどだったのだが、営業再開のニュースは喜ばしい内容だったためか、一日で3万アクセスを超え、たくさんの応援コメントを頂いた。

これを書いている2016年9月の祝日もたくさんのお客様がお越し下さり、「前と変わらない味を食べることができて嬉しい」というお言葉を、会計のときにたくさん頂戴した。

これから熊本市内への主要道路が新しく通される計画がある。既に57号線が通行止めになることで、営業時間を縮小したファミレスや廃業したコンビニが家の近くだけでも2件もある。商売を取り巻く現実は以前

よりもさらに厳しいものがあるが、家族とスタッフで協力し合い、伝統の味をお客様に提供できるよう、地に足つけて頑張っていきたい。

「あの味を食べたいから」「あの店に行きたいから」、そう思って阿蘇にお越しいただけるようにしていきたいと、私たち家族は努力の毎日である。阿蘇高菜という伝統の食文化と日本在来種である貴重な種を守るためにも、店の暖簾を次の世代につなげていきたい。

元祖たかなめし 「あそ路」

http://asoji.com/

熊本県阿蘇市的石1476-1

あとがき

　熊本地震が発生し、私のFacebookでの近況報告を読んでくれる友人が増えた。20年来という付き合いが長い友人でも、私がいろいろなものを修理して暮らすという意外な一面に驚いた人が多かった。平時と非常時では人は出せる力が違うのかもしれない。

　また私は普段からしんどいと思えば熊本弁で「きちーぃ」と口癖のように言っていた。その事実には後で気づいたのだが、自衛隊でのメンタルヘルス・カウンセラーによると、辛いことや疲れていることを普段から言葉にして弱音を吐いている隊員のほうが、過酷な状況が続いても耐えられる。しかし、屈強で我慢強そうな隊員は弱音を吐かず限界まで我慢して、ポキッと心が折れてしまうという。

　避難所での生活は、普段とは比べものにならない複数のストレスにさらされている。家族との離別、住む家を失う、貯金が減る、食事が口に合わない、眠れないなど様々だ。精神的に健康であり続ける人のほうが少ないだろう。

　辛いときに無理に我慢する必要はない。クレーマーのように暴言や暴行にはけ口を求めることなく、薬物やアルコールに頼らないストレス解消の方法を持っておくことが、不便な生活を乗りきるときに大切なことだと感じた。

　体を動かしてストレス解消する方法と静かに過ごしながらできるストレス解消法の2つを持っておくとさらにいい。私であれば何かを修理し、新しい道具づくりをする体育会系と、一人でお気に入りの音楽を聴くこと、仲の良い友だちとおしゃべりすることといった文化系の2つだ。おかげで寝込んでしまうこともなく、低空飛行のままだが、生活再建のために動き続けられている。そして疲れをため込まないように昼寝をしたのがとても良かったと思う。どんな非常時でも睡眠に勝る休息回復手段はないだろう。

ボランティア活動も自分が必ずしなければならないというものではない。できる人ができるときにできる分だけやればいい。今回はたまたま複数の活動に関わらせていただいたが、まずは自分自身の身を守り、次に家族や親戚、そして近所の人と助け合うことのほうが重要だ。自助ができてから共助活動をすればいい。誰かに助けてもらったら、自分がほかの誰かを助ければいい。そして行政批判をするのではなく、お互いに被災者だという気持ちを忘れず、共に復興に向けて知恵を出し、汗を流すことが重要だ。

　こうして自分が関わった活動を列記すると、それぞれの活動をひたむきに行っている人たちに比べて、私はあっちに行ったり、こっちに行ったり根無し草のように見えるかもしれない。だがあちこちから集まる情報や要望を中継地点となってつなぐという、ハブとしての機能を果たしているのだと自分では思っている。今後は、地元の子どもたちのために、レゴを使ったロボットプログラミングのワークショップを阿蘇で開催したいと考えている。やりたいことはたくさんある。被災地の悲惨さを訴えるだけでなく、たとえ小さな活動だとしても何かを生み出し、阿蘇の魅力を地元から発信し続けたい。本書を読んで何かを感じた方は、ぜひFacebookなどで連絡してほしい。

　この本を書くきっかけは、夏に一緒に活動した長野・ニューマン・弘子さんから、「インプレスR&Dの社長さんが熊本地震体験記を出版されており、原稿を募集している」という話を車での移動中に聞いたからだ。あわててその熊本地震体験記をKindleで読むと、巻末に原稿募集の告知があった。それから2週間弱で準備したサンプル原稿で採用が決まり、短い期間ではあったが、昼間の仕事と子どもたちとの暮らしの合間に何とか書き上げることができた。初めての出版にあたって、忙しい合間をぬってアドバイスしてくれた梅田明宏君には感謝の言葉が見つからないほど助けられた。

　まだ発達障がいのことや教育現場のことなどアスペルガーの発達障が

い当事者として書き足りない部分が多々あるのだが、続きは機会があれば、ウェブなどで公開していくつもりなので、チェックしていただければ甚だ幸いである。

　これから道路が新しく開通し、以前の暮らしが送れるようになるまで、どれくらいかかるか見当も付かないが、本書を通じて阿蘇や熊本に興味を抱いてくれたなら、いつかこの地を訪れてほしい。観光に来ることも大切な復興支援につながるから。

　復興のために役立つのはボランティアだけではない。
　自分の仕事を全うすることも大切な復興の一歩だ。
　それぞれの場所で復興に向けて歩み出そう。
　未来を作るのは今この時代に生きている私たちだ。

2016年　井芹大悟

著者紹介

井芹 大悟 （いせり だいご）

1973年熊本県生まれ。立命館大学卒業
写真集編集者を経て、リクルートメディアコミュニケーションズに入社するも発達障がい
の特性に苦労し退職。
熊本に戻り、環境系NPOで阿蘇の草原保全に関わるようになり、阿蘇の野草を使った卒業
証書を作る取り組みがNHKの新日本紀行に取り上げられる。
また福祉系NPOでの経験を活かし、熊本地震以降は公立高校の特別支援教育支援員として
高校生のサポートにあたっている。
特技：手打ちそば
http://kazetodaichi.net/

◎本書スタッフ
アートディレクター/表紙フォーマット設計：岡田 章志＋GY
表紙デザイン：BRIDGE KUMAMOTO — 内田 直家（ウチダデザインオフィス）
編集：高尾 智絵
デジタル編集：栗原 翔

《BRIDGE KUMAMOTO》
平成28年熊本地震をきっかけに生まれた、「熊本の創造的な復興の架け橋となること」を目
標とした、熊本県内外のクリエイターおよび支援者の団体です。
クリエイティブ制作、イベント企画、商品開発など、クリエイターや企業の様々な共創を
生むことで、外部の支援だけに頼らない自立した復興プラン作りを行っています。http://
bridgekumamoto.com/
本書の表紙はBRIDGE KUMAMOTOの活動に賛同した、熊本在住の若手グラフィックデザ
イナーが制作しました。

●本書の内容についてのお問い合わせ先
株式会社インプレスR&D　メール窓口
np-info@impress.co.jp
件名に「『本書名』問い合わせ係」と明記してお送りください。
電話やFAX、郵便でのご質問にはお答えできません。返信までには、しばらくお時間をいただく場合があります。な
お、本書の範囲を超えるご質問にはお答えしかねますので、あらかじめご了承ください。
また、本書の内容についてはNextPublishingオフィシャルWebサイトにて情報を公開しております。
http://nextpublishing.jp/

●落丁・乱丁本はお手数ですが、インプレスカスタマーセンターまでお送りください。送料弊社負担 にてお取り替えさせていただきます。但し、古書店で購入されたものについてはお取り替えできません。

■読者の窓口
インプレスカスタマーセンター
〒101-0051
東京都千代田区神田神保町一丁目105番地
TEL 03-6837-5016／FAX 03-6837-5023
info@impress.co.jp

■書店／販売店のご注文窓口
株式会社インプレス受注センター
TEL 048-449-8040／FAX 048-449-8041

震災ドキュメント
震災を乗り越えて～熊本地震直後からの日常生活とその工夫～

2016年11月25日　初版発行Ver.1.0（PDF版）

著　者　井芹 大悟
編集人　桜井 徹
発行人　井芹 昌信
発　行　株式会社インプレスR&D
　　　　〒101-0051
　　　　東京都千代田区神田神保町一丁目105番地
　　　　http://nextpublishing.jp/
発　売　株式会社インプレス
　　　　〒101-0051　東京都千代田区神田神保町一丁目105番地

●本書は著作権法上の保護を受けています。本書の一部あるいは全部について株式会社インプレスR&Dから文書による許諾を得ずに、いかなる方法においても無断で複写、複製することは禁じられています。

©2016 Iseri Daigo. All rights reserved.
印刷・製本　京葉流通倉庫株式会社
Printed in Japan

ISBN978-4-8443-9736-6

NextPublishing®

●本書はNextPublishingメソッドによって発行されています。
NextPublishingメソッドは株式会社インプレスR&Dが開発した、電子書籍と印刷書籍を同時発行できるデジタルファースト型の新出版方式です。http://nextpublishing.jp/